JN236170

Störtebecker

Hanse Störtebeker

北ドイツ＝海の街の物語

文・写真＝沖島博美
絵＝一志敦子

東京書籍

Hanse Störtebeker

北ドイツ=海の街の物語

文・写真=沖島博美
絵=一志敦子

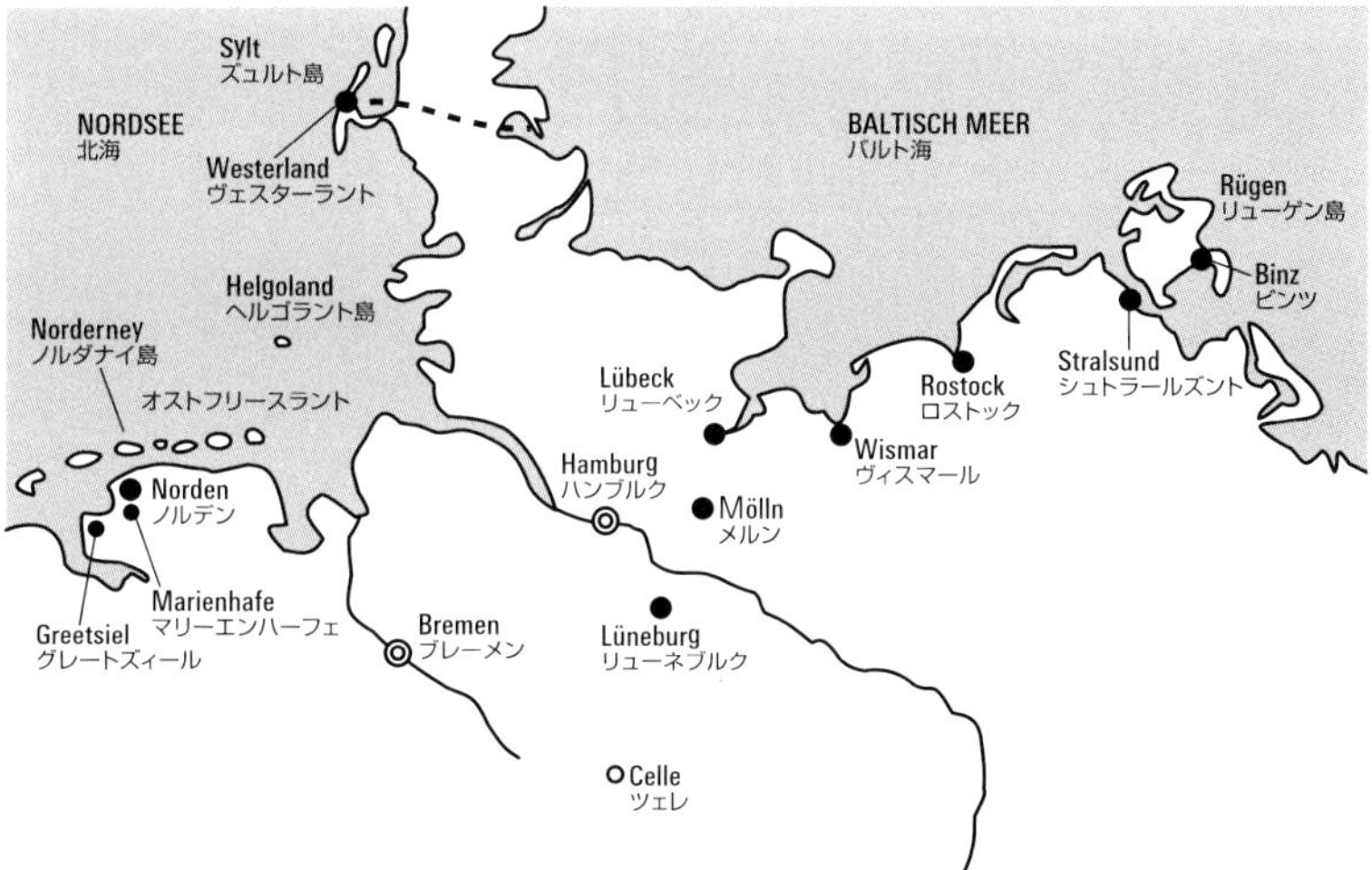

Lüneburg

塩はここから運ばれた リューネブルク

Mölln

ティル・オイレンシュピーゲルは実在したか？　メルン

Hamburg

今も昔もハンザの要 ハンブルク

Bremen

ここもハンザの主要都市 ブレーメン

Lübeck

市民に還元されたハンザの富
リューベック

Wismar

コッゲ船が最初に寄港した街
ヴィスマール

Rostock

ハンザの船を造った港町
ロストック

Stralsund

ドイツ最北東のハンザ都市
シュトラールズント

Rügen

海賊と白亜崖の島
リューゲン島

Sylt

最北の島のエレガンス
ズュルト島

Helgoland Hamburg
シュテルテベッカーを追って ヘルゴラント島〜ハンブルク

Norden Greetsiel Norderney
紅茶の香る オストフリースラント ノルデン〜グレートズィール〜ノルダナイ島

Marienhafe
シュテルテベッカーの正体 マリーエンハーフェ

Hamburg

ハンブルク

今も昔もハンザの要

港に近い倉庫街は運河めぐりのハイライト

つかの間に住む町ハンブルク

多くの人はミュンヒェンに住みたいと言う。画家、小説家、音楽家、文筆家、俳優、女優、多くの著名人がミュンヒェンに住んでいる。ドイツ人にとってもヨーロッパ人にとっても、そして我々にとってもきっと同じ思いであろう。日本の大学の、ある有名な教授がミュンヒェンに住居を買った。「ホーエンツォレルン・シュトラーセに部屋を持ったのよ！」と嬉しそうに言っていた。「もうすぐ定年退職させていただくの。そうしたらいつでも行けるわ！」と退職する日を心待ちにしているようだった。

ミュンヒェンは確かに魅力的だ。人々は陽気だし町は美しい。バイエルン州旗の水色と白の菱形チェックが町に溢れ、清々しい印象を与えてくれる。ミュンヒェンという響きは初夏の湖風のように爽やかだ。きっとみんな、一度はミュンヒェンに住むことを夢見る。

でも私は今、ハンブルクに住みたい。外アルスター湖畔に、というのは贅沢すぎる。それならエルプショセーの、エルベ川に沿った丘の上でも麓でもいいから、古い館の一室を借りて住んでみたい。行き交う船を間近に眺めながら狭い路地を通り、細い階段を上がって白い館の重たいドアを開ける……。

そう、ハンブルクは住んでみたい町。膝の出たジーンズに汚れたジョギングシューズ姿で地図を片手に歩き回る町ではない。男ならスーツ姿で歩く町、女なら小さめのハンドバッグにヒールの靴で歩く町。ペーゼルドルフを散策しながら小粋なブティックに寄ってみたり、コロナーダのお店を覗いたり、疲れたらアルカーデンのカフェーに座って白鳥を眺め、それからハンゼフィアテルのアイスクリーム屋さんでアイスを食べる。

こんな空想をしながら、ハンブルクへ旅立った。

20世紀初頭に建てられたホテル・アトランティック

ホテル・アトランティック

ハンブルク中央駅からタクシーに乗ろうと思った。昼下がりの退屈な時らしく、駅前広場には客待ちタクシーが列をなしていた。先頭のタクシーは、やっと客にありつけたとばかりにトランクを開けて荷物を積み込み「どちらへ?」と聞いた。

「ホテル・アトランティック」と答えると、

「アトランティック?! へっ! ホテル・アトランティックだってさ!」と、後ろの仲間たちに呆れ顔をして見せた。誰も反応せず、ただ黙っている。一体何なのだろう。とにかく乗れ、という指図だったので乗ってから「行ってくれるんですか?」と聞くと、「客が行けと言うならどこにでも行くさ。オレはあそこで二時間待ってたんだ。やっと巡ってきた客がすぐそこのアトランティックじゃ、儲けになりやしない」と毒づいた。なるほど、そういうことだったのか。しかしアトランティックはそんなに近かったっけ? と思っていると、本当にあっという間に着いてしまった。多めにチップを渡すと、「ダンケ。また客待ちの最後に並んで二時間無駄にするよ。今度はいい客に当たりたいね」と最後まで嫌みを言っていた。浅黒い顔をした中近東出身風の男は、きっとハンブルクで楽な生活をしていないのだろう。

迎えてくれたアトランティックのドアマンは、打って変わって親切な態度で荷物を運んでくれた。内アルスター湖畔に佇む白亜の館、ハンブルクで最も格式の高いホテル、それがアトランティックだ。湖の対岸に、やはりハンブルクを代表する超豪華ホテル「フィア・ヤーレスツァイテン」が見える。凝りに凝ったインテリアと万全のサービスで誉れ高い名ホテルだが、個人的好みでは港町ハンブルクの伝統を受け継いだアトランティックを勧めたい。二百五十四という部屋数は、最高級ホテルにしては多すぎるが従業員の数は二百八十とそれを上回る。サービスに手を抜かない姿勢が伺える。創業は一九〇九年というからまだ一〇〇年には満たないが、完成当時から誉れ高く、政界の大物や国際スターなどの利用者が多かった。今日でも迎賓館的役割を果たしている。

ドイツに名ホテルは数あろうとも、これほど幅の広い廊下は見たことがない。各部屋の高い天井も気持ちをゆったりさせてくれる。ユーゲントシュティールの美しいホールや中庭など、品のよい装飾も賞賛に値するが、この広い廊下は珍しい。十九世紀末にはドイツ―アメリカの定期便がハンブルク港から出ており、建設当初から船旅に出る客の利用が多かった。あるいは世界遊覧の豪華船が寄港すると、その乗客たちは船を降りてアトランティックに泊まった。船の荷物は特別大きいため、廊下の幅を広くとったという。二十世紀に起こった二度の戦争では奇跡的に破壊を免れ、そのため広い廊下、高い天井という贅沢な造りが今日も残された。

部屋数はバッキンガム宮殿を上まわる巨大な市庁舎

数あるパッサージュの一つ、ハンゼフィアテル

洗練された町を散歩する

ハンブルクという町は、行ったことがなければイメージしにくい。〝ドイツ最大の港町〟と言うと海に面していると思われがちだが、ハンブルクは北海へ流れるエルベ川に開けた河川港である。「ドイツ」というとビールやソーセージ、チロル風の民族衣装に皮の半ズボンを思い浮かべるが、それは南ドイツのイメージだ。北ドイツはむしろ英国風。いや、そうではなく、こういうドイツもあるのだ。ハンブルクはヨーロッパのブランド品が溢れる町。洗練された都市という点では断然トップをいく。ヨーロッパの都会と比べても引けを取らない。パリやロンドンに匹敵する、とまで言いたがるハンブルク贔屓《びいき》もいるが、少なくともウィーンよりは都会であろう。洒落た建物、洒落た店、スリムでノッポなハンブルクっ子たち。男も女も、みんな着飾って足早に歩いていく。ハンブルクはもともと王様や貴族が存在しなかった町。この町の繁栄は市民たちが作り上げたものなのだ。王侯貴族の栄華によって潤う町ではなく、スーツ姿の男女がビジネスする町なのである。

ハンブルクは一八四二年に大火災が起き、町の三分の二が焼け出される惨事に見舞われている。この大火事でハンザ時代から続いた歴史的建物のほとんどが消え失せてしまった。その後ドイツは統一し、ビスマルク政権は港町ハンブルクを経済都市に発展させた。ネオ・ルネサンス様式の巨大な市庁舎が建てられたのは一八九七年のことだった。正面の幅は百十一メートル、部屋数は六七四室、これはバッキンガム宮殿より六室多い。大広間は奥行き五十メートル近くもあり、ふんだんに使われた大理石やオニキスなど、ハンザ都市の財力を誇る絢爛豪華な市庁舎である。

市庁舎を過ぎると運河沿いのアルスター・アルカーデンやノイアー・ヴァル通りなど高級ショッピ

港近くにはかつて倉庫だった建物が多い

ング街が広がる。内アルスター湖畔のユンクフェルンシュティークからゲンゼマルクト、シュタットハウスブリュッケを結ぶ三角地帯にパッサージュが多く、洒落たショップが集中している。通貨統合を果たした今、フランスやイタリアのブランド物が同じ値段でドイツでも入手できる。「フランス物ならシャンゼリゼーの品薄で混み合った店より、品の揃ったノイアー・ヴァルの店でゆったり買い物する方が気分いいわ」とブランド物を買いなれた女性たちは言っている。

港町ハンブルク

町の真ん中を川が流れている大都市は多いが、真ん中に湖がある大都市は珍しい。それもそのはず、実はこの湖も昔は川だった。エルベの支流アルスター川を堰き止めて造った人造湖である。市内には川と運河が至る所流れ、港ではエルベの中洲や埋め立て地にたくさんの橋が架けられているため、ハンブルクはヴェネチアより橋が多いと言われている。

市庁舎周辺の、湖畔に並ぶ白亜の館もハンブルクらしいが、港周辺の赤煉瓦の倉庫街もハンブルクならではの景観である。北ドイツではあちこちで美しい煉瓦の家並みに出会うが、ハンブルクで並んでいるのは家というよりビルである。港に沿った倉庫街で、大きな煉瓦の塊がずらりと並んでいるのは壮観だ。車の往来が激しい大通りでも、荷の上げ下げに滑車を使って吊しているのをよく見かける。実にアナログ的光景だが、この伝統を変えないのがハンブルクらしさである。

港へ行ってみる。すぐ目に付くのが赤と緑が鮮やかな「リックマー・リックマー」。一八九六年に造られた三本マストの船で荒海を走っていたがその役目を終え、今は博物館を兼ねたレストランになっている。つまりここのレストランで食事をしたいなら「船の博物館」の入館料を払わなければならない。それでも来る価値はあるだろう。食事は美味しいし、待っている間に船長室や客室を自由に見

ホテル・アトランティックの豪華な中庭

町の中は至る所に煉瓦のビルが並ぶ

amburg

役目を終えてザンクト・パウリ桟橋に停泊しているリックマー・リックマー

水汲みのベンツ

て回れるからだ。

ハンブルクを流れるエルベ川はあまりにも川幅が広く、港は大きい。またハンザ時代をあれこれ偲ぶには近代化し過ぎている。そもそもハンブルクはハンザの最盛期が過ぎてから独走的に発展した町である。ハンザの盟主だったリューベックは、川幅が狭い上にバルト海に通じていたため発展が妨げられた。大河エルベを迎えいれ、太平洋に続く北海へ通じていたハンブルクは、アメリカ大陸発見によって流れが変わった新しい時代に乗り遅れることがなかった。

フンメル、フンメル！

今日でもハンザ都市を掲げるハンブルクは、車のナンバーにもHansestadt Hamburgの頭文字を取って「ＨＨ」を付けている。故郷から遠く離れたヨーロッパのどこかで郷里の「ＨＨ」を見かけると、ハンブルク人は必ず「フンメル、フンメル Hummel, Hummel !」と声をかける。すると相手は決まって、「モアス、モアス Mors, Mors !」と返してくる。これが成り立てば生粋ハンブルクっ子。ハンブルクにはこんな昔話が残っている。

昔、ハンブルクにフンメルという老兵士が住んでいた。近所の子供たちから好かれ、姿を見るとみんな「フンメル！」と声をかけた。彼が亡くなった後、その家に引っ越してきた水汲みのベンツは無口な気むずかしい男だった。子供たちは天秤棒で水を担いでいるベンツを見ては「フンメル、フンメル！」と、最初はフンメルを懐かしんで、次第にベンツをからかって声をかけた。するとベンツは怒って「モアス、モアス！」と言い返した。モアスとは北ドイツの方言で「お尻」という意味。人を罵るときに使う言葉である。ハンブルクではいつの間にかこの水汲みベンツがフンメルとなって名物男になり、「フンメル」と「モアス」は合い言葉になっていった。

天秤棒を担いだフンメルの銅像がハンブルクのどこかにあると聞いたが、観光案内所で訪ねても判らず、未だに見たことがない。

ホテル・ライヒスホーフへ移る

ブレーメンに旅立つ前日、中央駅前のホテル・ライヒスホーフに移った。一九一〇年、ハンブルク駅前に現れた最初のホテルである。エミール・ランガーというハンブルク—アメリカ定期船のコック長をしていた人が、汽車で旅立つ人のために建てた高級ビジネスホテルで、当時は裕福なハンブルク商人たちの利用が多かった。

アトランティックのドアマンにタクシーを頼んで待っていたが、夕方だったのでなかなか来なかった。ドアマンに「かき入れ時の時間帯にライヒスホーフまで行ってくれと頼んだら、また叱られるかな」と言うと、「ライヒスホーフですか？　それなら私が荷物を運びましょう」とトランクを二つ軽々と持ち上げて先に歩き出した。申し訳なく思ったので来たときのことを話すと、「外国人がハンブルクで働くのは楽じゃありません。私は旧ユーゴスラビア出身なんです。ドイツ人女性と結婚して今は良い職を得ましたが、若い頃は苦労しました」と身の上話をしてくれた。第二次大戦後、西ドイツは積極的に経済難民を受け入れてきた。東西ドイツが統一して失業者が増えた今、政府は受け入れ条件を厳しくしている。何とか入国できて運良く職にありつけたとしても、この町で普通に暮らしていくのは大変のようだ。

タクシーではすぐの中央駅も、荷物を持って歩くには遠い。アトランティックの制服姿は道を歩いていてもよく目立ち、通りすがりの人は不思議そうに眺めていた。彼はライヒスホーフの玄関まで

市庁舎近くのアルカーデン

プランテン・ウン・ブローメン公園の噴水ショー

ペーゼルドルフのアルスター公園

外アルスター湖畔に並ぶ館

ハンブルク港のランドゥングスブリュッケン

内アルスター湖は町の真ん中にある

ハンブルクの紋章

ちんと荷物を運び、ニコニコしながら戻っていった。

　中央駅前という立地の良さと、二十世紀初頭に建てられた古い館という雰囲気の良さで人気が高いライヒスホーフである。案内された部屋は五階奥の方だった。一つしかない小さな窓を開いてみると、中央駅とは反対側らしく、寄り添った建物の壁と屋根が集まっているのが見えた。隙間から夕焼けの空がほんの少し覗いている。窮屈な都会の夕空だった。

　アトランティックやフィア・ヤーレスツァイテンのように、アルスター湖に面した広い窓のある部屋はもちろん気分よい。しかし、小さな窓をこじ開けて無理やり眺める狭苦しい都会の裏側というのも、実は案外いいものだ。その町の素顔を見るようで、自分は今、外国の都会に来ているんだという実感をしみじみ味わえる。

　翌朝レストランへ降りていくと、広い吹き抜けの美しい部屋で大変雰囲気があった。この部分はオリジナルのままらしく、ハンブルク商人が客を接待したり商談に使ったホールと思われる。片面の壁がバルコニー式になっているのは、ハンザ商館を真似たのであろう。本物のハンザ商館はリューベックやバルト海沿岸のかつてのハンザ都市に今日も残っているらしい。

ハンザへの旅立ち

　ハンブルクはハンザ都市として栄え、今も独立州となってドイツ十六州のひとつに属し、町名の前に〝ハンザ都市〟を掲げている。最近、ひとつの国の枠にとらわれず、ひとつの地域としての共同体を作れないものか、という発想が生まれている。ヨーロッパ連合のような国ごとの参加ではなく、色々な国の一部が共通の地域としてまとまり、そこで経済利益を出せないものかという考えである。大変斬新なアイデアだが、実は既に八百年も前に人間は同じことを考えていた。国の枠を越え、利害

ハンザ都市ハンブルクの富を象徴する華麗な市庁舎

聖ミヒャエル教会の横、古い建物にはさまれた狭い路地クライェンカンプ通り。17世紀、ハンブルク商人組合が、商人の未亡人のために建てた福祉住宅。現在はレストラン、カフェー、ショップが並んでいる。

関係にある町どうしが協定を結んで助け合っていた。それがハンザである。

ハンザはドイツ語でHanse（ハンゼ）という。元々これは遍歴団体を意味し、商業では商人の仲間団体を意味していた。ゲルマン語で「群」という意味のハンザに由来し、最初は戦闘部隊の群のことだったのが次第に商人の群に使われるようになった。十二世紀に入ると、これは商人の同盟となる。そして十三世紀半ば、ハンブルクとリューベックが結んだ条約が都市同盟の基礎となってドイツ・ハンザが成立し、リューベックが主権をにぎった。リューベックには、南の町リューネブルクから貴重な塩がどんどん運ばれて町の倉庫に保管された。そのリューネブルクもハンザ都市に加盟していた。

ハンザ都市として最後まで独立を守ったハンブルクとブレーメン、岩塩の採れたリューネブルク、その塩を運んだルート「古き塩の道」、塩を蓄えて北欧やロシアに輸出したハンザの盟主リューベック、塩を積んだコッゲ船が停泊するために建設されたヴィスマール、ロストック、シュトラールズント。八百年も時代を先取りしていたハンザをテーマに、「古き塩の道」やバルト海沿岸諸都市を巡ってハンザの足跡を追ってみたい。こうしてハンザの旅は始まった。

再現されたブレーメンのコッゲ船「ローラント号」

Bremen

ブレーメン

ここもハンザの主要都市

ブレーメンといえば、誰しもがすぐにグリム童話の『ブレーメンの音楽隊』を思い浮かべるであろう。年を取って役に立たなくなったロバ、イヌ、ネコが主人から厄介払いされブレーメンへ行こうとする。途中、スープにされる運命のニワトリを誘い出し、みんなでブレーメンに行って音楽隊になろうと志す。四匹が一緒になってブレーメンへ向かって旅をする途中、泥棒の住処を発見。おいしいご馳走を食べている泥棒たちを見て四匹は知恵をしぼる。泥棒たちを追い出してご馳走を平らげたが、その家がたいそう気に入ったので、結局四匹ともそこに住み着いてしまったという話である。

つまり彼らはブレーメンには行っていないのだ。それなのに『ブレーメンの音楽隊』と題されているのは何故だろう。ブレーメンでは彼らがこの町にやって来たことになっている。ロバ、イヌ、ネコ、ニワトリをモチーフにした看板や土産物が町中にあふれて、ここへたどり着きましたとばかりに、市庁舎の脇には四匹の銅像が立っている。彼らはこの町で、立派な市民権を得ているようだ。

十年ほど前、マルクト広場に近いベッチャー通りの、ある館を改装中、地下からロバの骨が出てきた。ブレーメンの人々は「これぞブレーメンの音楽隊のロバに違いない！」と叫び、その場所に記念板を取り付けた。なるほど、彼らはちゃんとブレーメンまでたどり着いていたのである。他の動物たちの骨はどうなっているのかなど、野暮なことを聞いてはいけない。これで彼らはれっきとした〝ブレーメンの音楽隊〟になったのである。

グリム童話の特徴は、グリム伝説集と異なって、特定の名前や地名がほとんど出てこないこと。「ある女の子が……」や「あるところに……」という具合である。グリム童話集百十九番の『七人のシュヴァーベン人』は、南ドイツシュヴァーベン地方の地名が付けられており、これも例外だが、『ブレーメンの音楽隊』のように町名が出てくるのは全二百十話の中でこの話一つである。何故ブレーメンだけが特別扱いされたのだろうか。

グリム童話が生まれたヘッセン地方北部から歩いてたどり着ける距離のブレーメンは、当時ハンザ都市として栄えていた。ブレーメンで一旗揚げよう、人々の間にはそんな気運があったにちがいない。『ブレーメンの音楽隊』は高齢者社会と失業問題を象徴しているような話だ。厄介者にされて家を追い出された老人や、仕事にあぶれた若者でも、ブレーメンに行けば何とかなった。あるいは何とかなるような気がした。つまりハンザ都市ブレーメンは、それほど栄えていた町だったのである。

ハンザ自由都市ブレーメン。ヴェーザー川河口のブレーマーハーフェンと一体となって一つの州を形成し、ドイツ十六の州のうち最も小さなブレーメン州である。町の名が文書に登場するのは七八二年のこと。八世紀末に司教座が置かれ、十一世紀前半に市の免税特権が与えられてから、ブレーメンは急速に商業都市として発展。十二世紀には自治権が認められて自由都市となる。十三世紀になるとそれまでの陸路中心の交易に海路が加わった。ブレーメンを通過して流れるヴェーザー川は、北海へつながっている。オランダ、ベルギー、フランスそしてロンドン果てはスカンジナビアから様々な品物がブレーメンに入ってきた。十四世紀半ばになってブレーメンはやっとハンザ同盟に加入する。町は十分栄えていたし、商売もうまくいっていた。独自の商法で取引したかったためハンザ同盟に加わりたくなかったが、どうしても克服できないことが一つだけあった。それは海賊である。当時、船乗りたちが一番恐れていたのが海賊だった。重い荷物をたくさん積んでゆっくり進む商船は、素早い海賊船の襲来に遭ってはひとたまりもない。船が襲われればブレーメンの商人は品物を全部失い、船を沈められたら船の持ち主は財産を失う。船長や船員たちの命も危うい。海賊の痛手は町にとって非常に大きかった。一三五八年、やむなくブレーメンはハンザに加入する。ハンザ同盟に加入すれば、商船はハンザによって守られたからである。北海から六十キロほど離れた河川港ブレーメンは、たちまちハンブルクに次ぐドイツ第二の港町になった。ブレーメンは今日でもハンザ都市を自称しており、車のナンバープレートにはハンブルクと同様にハンザ都市のHを、ブレーメンのBの前にくっ付けて「HB」となっている。

中央駅からマルクト広場へ

中央駅から真っ直ぐ延びるバーンホーフシュトラーセを南へ歩いていくと、かつて旧市街を防御していた濠に出る。旧市街は最初市壁で囲まれていたが、ナポレオン占領時代、その古い市壁では何の役にも立たないと取り壊され、幅の広い濠が建設された。今は緑地帯となって、市民に憩いの場所を提供している。保存された風車が一際目を引く。かつてこの濠には十二個の風車が立っており、第二次世界大戦まで使用していた。戦争で町は六十パーセントが破壊され、そのとき風車も焼けてしまった。百八十年前に造られた風車が一基だけ残り、現在レストランになっている。中は狭いが料理の味は抜群、とブレーメンっ子の間で評判だ。

濠を渡り終わるとすぐにゼーゲ通りの豚飼いブロンズ像が見えてくる。グリム童話に豚飼いの話があったっけ、と一瞬考えてしまうが、これは童話とは無関係。中世ではほとんどの町が市壁に取り囲まれ、家畜も市壁の中で飼われていた。豚飼いたちは朝になると豚の群を追って町の外へ行き、草原で放牧して夕方になるとまた同じ道を戻ってきた。こうして朝夕豚の通った道は中世ではどこの町にもあった。豚のことを口語でザウといい、北ドイツでは豚の複数をゼーゲと呼んでいる。豚の通り道だったゼーゲ通りに、中世の暮らし方を伝えようと、実物大の豚飼いと数頭の豚が並べられた。何故この道を通ったかというと、ここに食べ物屋が並んでおり、前の晩に散らかった残飯を豚が食べながら通って行ったからである。ゼーゲ通りの突き当たりを左に折れると、市庁舎の建つマルクト広場に出る。

市庁舎まで来たら、いつも最初に「ブレーメンの音楽隊」に会いに行く。彼らは市庁舎の西側外壁の角に立っている。ロバの上にイヌが、イヌの上にネコが、ネコの上にニワトリが順に乗っかって、今まさに盗賊たちを追い出そうとする瞬間である。ゼーゲ通りの豚飼いたちが道の真ん中に堂々とあ

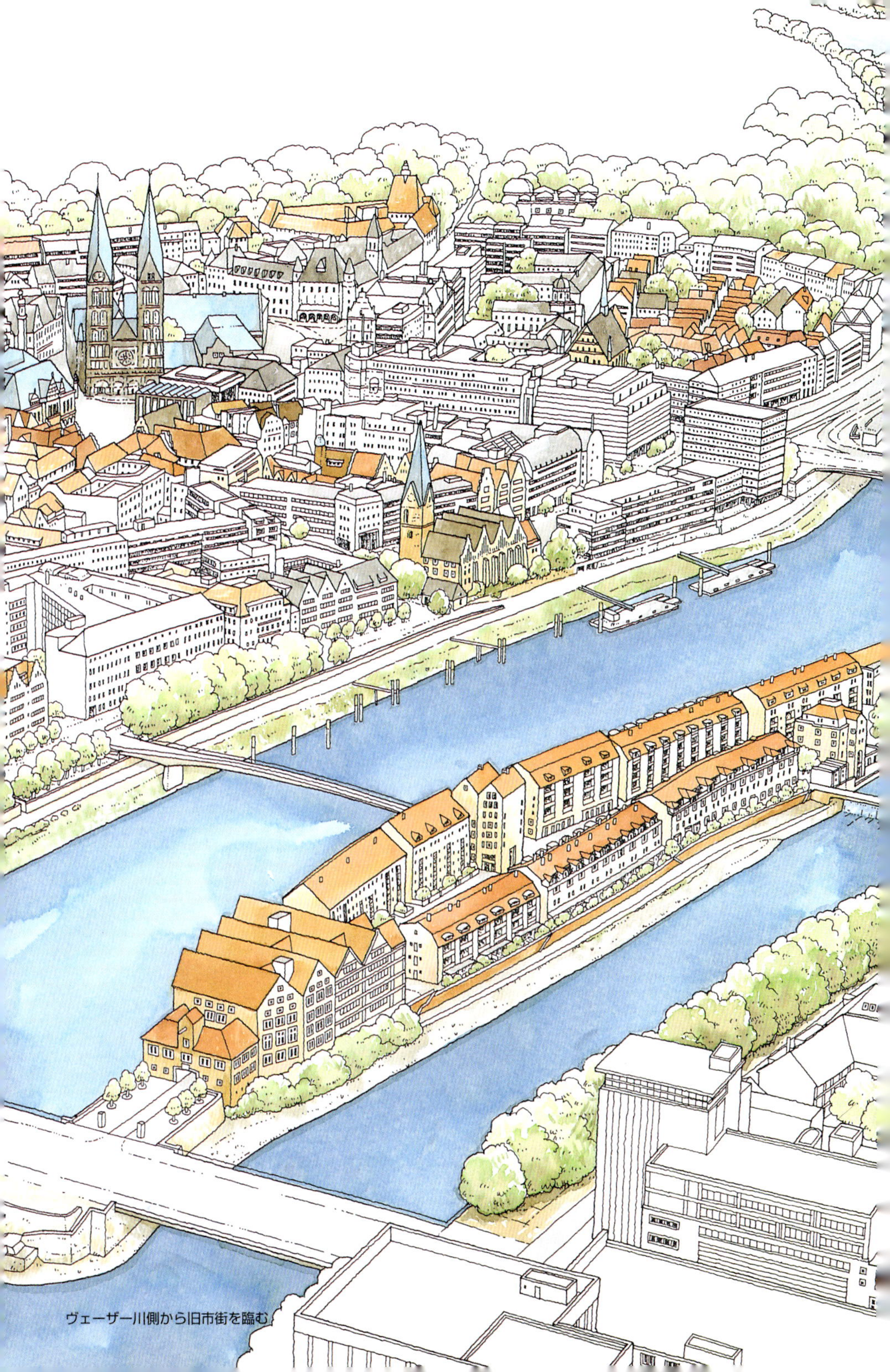

ヴェーザー川側から旧市街を臨む

るのに対し、町の主役であるはずのブレーメンの音楽隊たちは、何故こんな隅っこの目立たないところに置かれているのだろう。写真を撮るにも苦労するくらい脇にあるのだ。マルクト広場の真ん中に立てられてしかるべきなのに、やはり物語の中でブレーメンまで来なかったことを引け目に感じているのだろうか。

ローラント像

そのマルクト広場にはローラントの像が立っている。ローラントとはカール大帝に仕えた勇猛な武将で、伝説的な存在。フランスで一一〇〇年頃、ローラント伝説をもとに「ロランの歌」という英雄叙事詩が書かれており、最古の叙事詩として知られている。これが十二世紀半ばにドイツで翻訳され、主に北ドイツ地方で広まった。ローラント像は悪や不正を正して正義を行う剣と、外からの侵略者から身を守る鎧を身につけた立像で、市場の権利や司法権利を象徴している。北ドイツに多く見られるローラント像だが、ブレーメンのものは最大で、天蓋の先まで入れると十メートル近い巨像。立てられたのは一四〇四年のことである。

実はそれ以前、ここにはもう少し小型の木製ローラント像が市民によって立てられた。それは教会の支配に対抗するために、大聖堂と向き合うように立てられた。これを不服とした大司教はある晩、兵士たちを使わせてローラント像を焼き払ってしまったのである。この事件が起こってからというもの、市参事会はブレーメン市が皇帝直属の町であることを改めて主張する。ブレーメンは王侯貴族に一度も支配されたことのない市民の町である。大司教の支配も決して受けない、と市民は結束し、今度は焼かれないように石でローラント像を作った。それもこんなに大きな巨像を立てたのである。教会側の嫌がらせに対処するため、市参事会はもう一つローラントの巨像を作り、いつ破壊されても大

ゼーゲ通りの豚飼い像

丈夫なようにしておいた。それが功を奏したのであろうか、大司教の兵隊たちはそれ以降ローラントを襲うことはなかった。町の六十パーセントを破壊した第二次世界大戦でも難を免れているので、十五世紀初頭の巨像は今も健在である。実は、控えのローラント像があるというのは単なる噂らしい。あると信じている人が多いが、誰も見たことないし、どこにあるのか誰も知らない。

市庁舎

市庁舎西端に立つ「ブレーメンの音楽隊」

マルクト広場いっぱいに面して立っている市庁舎は、正面にアーケードが付いた華麗な建物である。一四〇九年に完成したときはゴシック様式の建物だったが、十七世紀初頭にルネサンス様式のファサードに変わっている。小さな飾り塔を沢山付けた装飾的ファサードは、誰が名付けたのかヴェーザールネサンス様式と呼ばれ、ヴェーザー川流域で流行った独特のもの。一階のホールは現在は催し物会場として使われ、常に様々な展示会が行われている。中世、ハンザ都市だったブレーメンは、ハンザの取引で持ち帰った品物をこの市庁舎の一階で売りさばいた。市庁舎はハンザ商人たちの市場でもあった。マルクト広場に面した前面がアーケードになっているのも、ここで品物を売っていたからである。

二階の広間はハンザ会議が開かれた場所だ。天井からは大きな帆船模型が吊り下がり、彫刻が施された壁や螺旋階段の壮麗な美しさは、さすがにハンザ都市ブレーメンの市庁舎である。しかし、ブレーメンの市庁舎はむしろ地下のレストラン、ラーツケラーで知られている。そこにはドイツ最大のワイ

BECK'S
BECK'S
BECK'S
BECK'S
BECK'S

GEDENKE
DER
BRÜDER,
DIE DAS
SCHICKSAL
UNSERER
TRENNUNG
TRAGEN!
RATHS APOTHEKE

中世のギルドハウス「シュッティング」

市庁舎の２階にはハンザ会議が開かれた大ホールがある

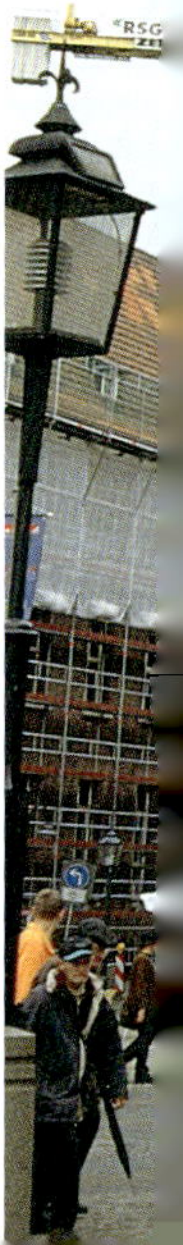

Bremen

（左中）渦巻き模様で装飾された市庁舎のファサード
（右上）市庁舎と大聖堂がそびえるマルクト広場
（右下）マルクト広場のローラント像

ンケラーがあるからだ。葡萄栽培が不可能な北ドイツなのに、何故このように大きなワインケラーがあるのか。それはハンザ商人たちのワインコレクションによる結果である。市庁舎ができた頃、ブレーメンは既にハンザ都市として栄えており、市参事会員を兼ねたハンザ商人たちはさかんにワインを買い集め、地下の貯蔵庫にしまい込んでいた。彼らは特にライン地方のワインを好んで買い集めた。現在でもこのワインケラーはドイツ最大の九十万本、六百五十種類のワインを貯蔵している。そしてドイツのワインだけを置いているのも特徴である。

市庁舎アーケードの左から二番目上方に、ニワトリを抱いた女神のレリーフがある。これはブレーメンの始まりを語ったある民話に基づいている。

昔々、定住の場所を探してヴェーザー川を船で下ってきた難民たちが、日の暮れかけた頃、一羽の雌鳥がヒヨコと共に川岸の砂山の上に休んでいるのを見つけた。天気の悪い日で雨雲が低く垂れ下がっていたが、急に雲が切れて合間から太陽の光線がその雛と雌鳥を照らした。雌鳥が雛を連れて住んでいる場所なら、きっと安全な所に違いないと思い、難民たちは船を下りて雌鳥の住む河岸を定住の場所と定めた。そしてそこがブレーメンだった、という話である。この民話の雌鳥と雛は、ベッチャー通りの仕掛け時計の下にも彫刻となって座っている。

二頭の馬に引かれた大きなワゴン車がマルクト広場にやって来た。ワゴンの上にはビール樽がいくつも乗っている。ブレーメンのビールでドイツを代表するベック社の宣伝カーだ。デモンストレーションだけかと思ったら業務も兼ねており、広場周辺のレストランにベックのビールを運んできたのだった。ベックはドイツ最大の輸出ビール会社で、一日に七百万本を生産している。ビールといえばミ

ブレーメンの民話を題材にした市庁舎アーケードの彫刻

ユンヒェンを連想し、バイエルンが本場のような気がする。ところがブレーメンでのビール醸造はバイエルンよりも古く、一二〇〇年頃から始まっていた。ハンザ時代のブレーメンでは、他の都市のように特産品がなかったため、ハンザ商人たちはビールを船に積んで出かけていった。ビールはファステンツァイト（四旬節）の間に飲まれる貴重な栄養源だったので、ハンザの重要な輸出品だった。ハンブルクやロストック、ヴィスマールなどでハンザ輸出用のビールが造られるようになったのはもっと後のことである。

さて、マルクト広場に面して壮麗な姿を見せているもう一つの建物はシュッティング。ブレーメン商人にとって最も大切だったギルドハウスである。商人の力が強かったブレーメンでは、自分たちの力を見せつけるためにギルドハウスをマルクト広場に建てねばならなかった。既に大聖堂と市庁舎が建っていたマルクト広場にギルドハウスを建設することにより、大司教、市参事会員、そして商人というブレーメンの三つの大きな力がマルクト広場に集まり、同格になったことを意味した。現在商工会議所であるシュッティングには、屋根の中央に海の守り神ネプチューンの像が立っている。ファサードにはハンザ都市として交流のあった町の紋章が並んでいる。左からハンブルク、ノルウェーのベルゲン、ベルギーのブルージュ、中央玄関を挟んでロンドン、ロシアのノヴゴロド、そしてリューベックである。中央玄関入り口の上に、双頭の鷲に守られたブレーメンの紋章がある。ブレーメンの紋章は鍵。その鍵は聖ペトリの鍵、天国のドアを開ける鍵である。ブレーメンの大聖堂は正式には聖ペトリ・ドームと呼ばれている。聖ペトリはブレーメンの守り神。かつてブレーメンの紋章は聖ペトリと鍵だった。市民の力が強くなってくると教会勢力の象徴である聖ペトリをはずし、いつの間にか鍵だけが紋章になった。ブレーメンの人たちはこの鍵のことを「天国への鍵」ではなく「世界への鍵」と呼んでいた。ハンザ都市として栄え、ヨーロッパ諸都市と行き来のあったインターナショナルな町という意味である。またハンブルクは紋章である門を「世界への門」と呼んで自負していた。それに対しブレーメンは「世界への門であるハンブルクの鍵を、我々が持っている！」と言ってハンブルクに勝ち誇っていた。ハンブルクに対して常に対抗意識を燃やしていたブレーメンらしい。

ブレーメンの紋章

ベッチャー通り

マルクト広場からいよいよ黄金のレリーフが掛かるベッチャー通りへ。ベッチャーBöttcherとは桶屋のこと。以前この通りには桶職人たちがたくさん住んでいた。ハンザ商人たちは品物の運搬に全て桶を使っていた。時代と共に布袋など、桶に代わる入れ物が発達し、桶屋通りは寂れてしまった。ここには次第に貧しい人々が住み着くようになり、薄汚い暗い通りになってしまった。

ブレーメンのコーヒー商人ルードヴィヒ・ロゼリウスがベッチャー通り六番の家を買ったのは一九〇二年のこと。彼はＨＡＧの商標で知られるカフェインレスコーヒーを発明し、ヨーロッパ第一のコーヒー商人となった。芸術に造詣の深かったロゼリウスは一九二〇年代初めにロダンの弟子ベルンハルト・ヘトガーに依頼してユーゲントシュティール（アールヌーヴォー様式）の自宅を建て、その後次々とベッチャー通りの古い家を買い取って建て替えていった。まず最初に取り組んだのが自宅の隣のパウラ・ベッカー・モデルゾーンの家。ロゼリウスがその才能を見いだした同名の女流画家に送った館で、現在は絵画展示会場並びに彼女の常設美術館となっている。その後、ルンゲという建築家たちが加わって一九二四年から八年の歳月をかけて、煉瓦で埋め尽くされたユーゲントシュティールのベッチャー通りが完成した。わずか百七メートルという短い通りだが、ブレーメンで最も有名な通りである。

大天使ミヒャエルが龍と戦っている場面を描いた黄金のレリーフが入り口の上にある。レリーフの

ベッチャー通り中程、「ヘトガーの中庭」

煉瓦の素材が路地全体に柔らかさを与えているベッチャー通り

ベッチャー通りへの入り口、龍と戦う大天使ミヒャエル

名前は「光を運んでくる者」。暗くて汚かったベッチャー通りに光をあてて明るい美しい通りにしたことを象徴している。このレリーフもヘトガーの傑作ということだが、龍と戦う大天使にしてはどうも元気がない。ナチスが頽廃芸術と批判したのは判るような気がする。入り口の右手屋根に七つの像が並んでいるが、これはこの町で言い伝えられている「七人の怠け者」。同じ怠け者の七人が、すぐ近くの「ヘトガーの中庭」に寝そべっている。ロゼリウスの家とモデルゾーン美術館の間の小さな中庭に、煉瓦の泉がある。泉の樋の上を何やら小さな彫像が歩いている。近づいてみると、それはロバとイヌとネコ、そしてニワトリだった。

「七人の怠け者」はこの泉の周りにいる。ブレーメンの民話によると、ものぐさで有名な七人兄弟が、ヴェーザー川まで水を汲みに行くことを疎い、町に井戸を掘るなど、怠けたいがために次々と町の近代化に取り組んでいったという。彼らの生き方に共感を覚えたロゼリウスは、自分こそ八人目の怠け者と名乗りをあげ、七人の怠け者たちを自分とそっくりの顔にした。それは同じ中庭にロゼリウスの胸像があるのでよく判る。

さて、このロゼリウスの胸像の裏の隠れた所に〝例のプレート〟がある。

『この場所、「パウラ・ベッカー・モデルゾーンの家」の地下から一九九一年七月十六日、修復作業中にロバの足の骨が発見されました。彼は、かつてイヌやネコ、ニワトリたちと共に、音楽隊になろうとブレーメンへ向かったあのロバであります。ロバの骨と同時に証書が発見されました。そこには、あのけなげな四匹の動物たちが事実、最終的にはブレーメンまでやって来た、と書かれてありました』

ロバの骨発見の記念プレート

泉の樋の「ブレーメンの音楽隊」

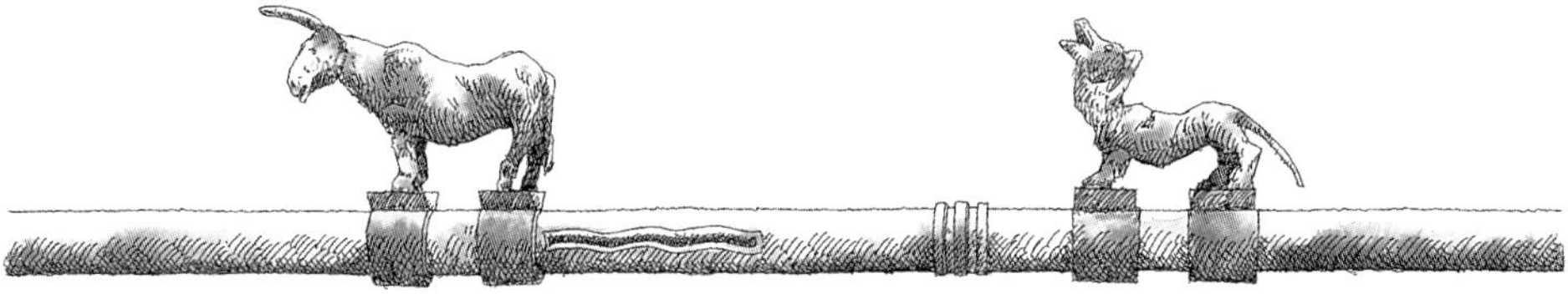

一九九一年この館の持ち主が代わったとき、改装工事が行われた。ロバの骨は実際地下の土の中から発見されたそうだ。骨と共に埋もれていたドクメント（証書）というのはブレーメン市民の誰も見たことがない。なかなか人目に付きにくい場所に取り付けられたこの記念プレートは、しかしながらブレーメン最高のユーモアである。

ユーゲントシュティールの美しさを誇ったベッチャー通りは、一九四四年第二次世界大戦の最中無惨な姿と化した。それはロゼリウスが七十年余りの生涯を終えた翌年のことだった。戦後、ロゼリウスの友人たちが発起人となり、この重要文化財を後世に残そうと運動を起こす。呼びかけに応じた市民らの寄付により、十年余りの歳月を経て、ベッチャー通りは完全に復元された。今ではブレーメン文化の中心となっている。

シュヌア地区

ベッチャー通りと並ぶブレーメンの観光名所は、町の東南にあるシュヌア。ベッチャー通りを抜けて左の方へ歩いていくとバルゲブリュクという大通りに出る。その通りを渡ると、もうシュヌア地区だ。かつて漁師や船乗りたちが住んでいた地域で、古い小さな家がひしめき合っている。十六世紀に建てられたオリジナルの家も残っているが、多くは再建や修復されたものだ。

第二次世界大戦の戦火はここにも及んだ。当時貧しい人々が住んでいたシュヌア地区に、文化的に保存すべき建物は一つもなかった。みすぼらしい小さな家が並んでいるだけのシュヌアは保存に値しないとされ、町は取り壊しを決める。そのとき、ブレーメンのある建築家が熱心に修復保存を訴えた。彼は、シュヌアが中世ブレーメン庶民の生活を伝える唯一の場所であり、これを取り壊すことがどれほど国家的損失になるかを懸命に主張した。彼の熱意と奔走の甲斐あって、シュヌア地区が修復保存

（右）昼間は観光客の絶えないシュヌア
（左）シュヌアには船を題材に扱った土産物が多い

されることに決まった。シュヌアはこうして救われたのである。

シュヌアは北ドイツの方言で〝紐〟という意味。紐のように細長い道が四方八方へ続いている。かつてヴェーザー川の支流でヴァルゲという川だった道もある。石畳がガタガタの道はシュターベンダム通り。シュターベは北ドイツの方言でシュトゥーベ（部屋）を意味し、この場合はバーデシュトゥーベ、つまり風呂場のこと。かつてこの通りに浴場があったことに由来しているが、浴場といっても当時の風呂は樽の中に水を入れて浸かるだけの、極めて原始的なものだった。シュターベンダムには

その様子を表したユーモラスな噴水が立てられている。

シュヌアでは家と家の間の狭い路地の奥に、絶対何かがある。粋な土産物店やカフェ、銀細工のアトリエなど、普通は人の通らない道に面白そうな店がある。入り口に〝ビッテ・ニヒト・シュテーレン！〟と札の掛かった小さな家。ここは世界で最も小さな（多分）ホテルである。一階はリビングルーム、二階は寝室、三階にバスルームという三室だけの建物で、つまりツインルームが一つあるだけのホテル。〝ヘルツリッヒ・ヴィルコメン！〟と書かれた看板が掛かっているときは空いている。宿泊費は結構高級ホテル並に高いので、もっぱらハネムーンの利用客が多いとか。

シュヌアは今、最も観光客の多いところ。路地が細いため、昼間は身動きできないこともある。

夕方、賑わいが去ったシュヌアを散歩してみると、また違った顔が見えてくる。ここは観光名所として造られた場所でなく、船大工や船人足たちが住んでいたところだ。ハンザ時代のブレーメン商人を支えていた人々が生活していた地区なのである。この曲がった道はヴェーザー川の支流だったのかな、などと誰もいない石畳の路地を歩きながらハンザ時代を想像してみた。

ハンザ時代のコッゲ船

ブレーメンには腕利きの船大工や船人足が多く、造船も盛んだった。船に関しては得意のブレーメンであったが、思いがけない事故を起こしている。港で造られたばかりのコッゲ船が、処女航海のとき沈没してしまったのだ。しかも走って直ぐにである。いや、もしかしたら進水して直ぐだったかも知れない。一三八〇年のことだった。この船はそのまま川底に埋もれ、年月と共に忘れ去られていった。約六百年を経た一九六二年、ヴェーザー川の河川拡大工事の際に川底から古いコッゲ船が発見された。その船は処女航海で沈没したコッゲ船であることが判明。ただちに引き上げられてブレーマーハーフェンに保管された。このコッゲ船は現在ブレーマーハーフェンの「航海博物館」に展示されている。

古いコッゲ船が発見されたことにより、コッゲの実態が明らかになった。コッゲ船は初期の帆船でマストは一本、一枚の大きな布を帆に張った簡単なもので十二世紀から十五世紀頃まで使われていた。それ以降は三本マストの立派な帆船となる。コッゲは小型船では長さ五メートルほどだが、ブレーメンで発見されたのは長さ二十三・二三メートル、幅七・七八メートル、マストの高さ二十四メートル、荷を積み込む船底の深さ一・八メートルというかなり大きなものである。この規模の船は研究されたことがなかった。

そのコッゲ船がブレーメンのヴェーザー河畔に復元され、一般に公開されているというので行ってみた。ベッチャー通りからヴェーザー河岸に出ると、右手川下の遠くにそれらしき船が見える。このあたりはかつてブレーメン港だった場所。今は遊覧船やヴェーザー川下りの船着き場で、本格的な港は河口のブレーマーハーフェンに移ってしまった。川に浮かんだコッゲ船は「ローラント号」と名付けられ、帆は張っていなかったがマストに旗がひらめいていた。オリジナルのコッゲ船は一度も使われることなく川底に沈んだ。当時の損害額は計り知れないものだったろう。長さ約二十三メートルというが、乗ってみると意外と小さい。もちろんコッゲ船の中では大きな方なのだろう。地元の小学生たちがたくさん見学に来ていたので、船内は大騒ぎだった。この復元船「ローラント号」はハンザ都市ブレーメンの象徴だ。

そしてあの、ロバの骨のプレートも。

中世のコッゲ船

Lüneburg

リューネブルク

塩はここから運ばれた

イルメナウ河畔には塩発見の立役者イノシシの像が

古き塩の道

「アルテ・ザルツシュトラーセ（古き塩の道）」はリューネブルクからラウエンブルク、メルン、ラッツェブルクを通ってリューベックに至る全長およそ八十キロの比較的短い街道である。観光街道として命名されたのは、他のシュトラーセと同じように戦後だが、このシュトラーセこそ数あるドイツの観光街道の中で、最も史実に根ざした本物の歴史街道なのだ。

中世では、塩は「白い黄金」と呼ばれていたほど貴重だった。その塩を産していたのがリューネブルク。地下から湧き出る塩泉によって良質の塩が採取された。魚や肉を塩漬け保存するため、リューネブルクの塩がヨーロッパ各地で飛ぶように売れた。ハンザの盟主だったリューベックは、同盟都市だったリューネブルクの塩を売りさばいて繁栄していった。今日の観光街道「古き塩の道」は、この貴重な塩の運搬ルート、リューネブルクからリューベックまでの通商路だった。

北ドイツは山がないため石が採れず、人々は土を焼いて石の代わりとした。それが煉瓦である。リューネブルクは煉瓦の家並みが最も美しい町。塩の歴史と共に煉瓦の家並みもじっくり鑑賞したい。

古い木製クレーン

鉄道の駅から町はすぐ近くで、川を渡るともうそこから旧市街が始まる。旧市街の東端を流れるのはエルベの支流イルメナウ。細長い中洲が横たわっているため、二度続けて川を渡ることになる。二つ目のイルメナウまで来ると、川岸にたたずむ木製のクレーンが見えてくる。丸い小屋にキリンの首を乗せたような木製のクレーン。風変わりな形をしているが、小屋の窓から突き出た長い首からは鎖が垂れ下がっている。始めて見る人にとっては奇妙な建物だが、クレーンと言われてみればなるほどクレーンと頷ける。その名も「デア・アルテ・クラン（古いクレーン）」である。このクレーンは一七九七年に造られたもので、実際に一八六〇年まで使用していた。第一号は一三三二年に造られ、船荷の上げ下ろしに使った。この町で採れた塩を樽に詰めて船に積み、イルメナウを下ってエルベ川のラウエンブルクまで船で運んだ。ラウエンブルクからは馬車に積み替え、陸路でリューベックまで運ぶ。リューベックまで運ばれた塩は、バルト海から北欧やロシアへと運ばれていった。北欧へ運ばれた塩は、そこで捕れるニシンや鱈の保存用に使われ、今度は樽詰めされたニシンが逆のコ

burg

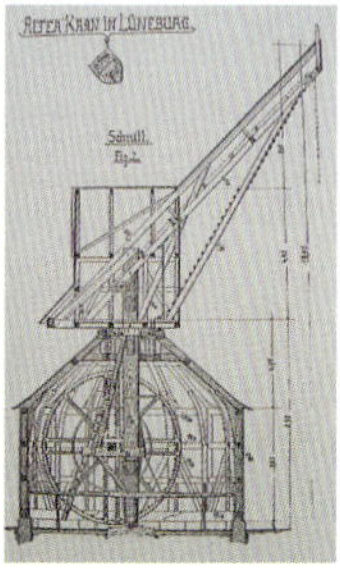

（左）イルメナウ河畔の木製クレーン内部
（右）木製クレーンの構造

ースを辿ってリューネブルクへと運ばれてきた。

中世でこの川岸は賑やかな船着き場だった。ニシンの樽を陸揚げするときもこのクレーンが使われた。丸い建物のクレーンの中には直径五メートルの大きな車輪が天井ギリギリに縦に二つ取り付けられている。堅い樫の木で作られた幅のある頑丈な輪で、その車輪の中に人が入って踏み廻し、鎖を上げ下げした。クレーンを動かすのに必要な人数は、荷の重さによって二人から五人と変えられた。ブレーキも反転防止装置も付いていない車輪は非常に危険であり、怪我人やときには死に至る致命傷を負う人も出た。そのため、車輪を踏む役に囚人が使われたという。活気ある港の風景に、そんな残酷な一こまが浮かび上がる。

最後の修復が終わる

イルメナウ河畔までたどり着いたとき、驚いた。クレーンの左手にあったかつての水車小屋と水道塔がすっかり新しく生まれ変わっていたからだ。この辺りは開発が遅れていて、九十年代初頭はまだ廃墟の建物が残っていた。クレーンの佇むイルメナウ河畔は人影もなく、川藻が水面に揺らぐ静寂な所だった。リューナー水車と水道塔の建物は、オリジナルを生かして巧みに修復されたモダンなホテルになっていた。レストランも周囲に建てられ、川には新しい橋も架かって人々が行き交っている。リューネブルクはもう、これ以上変化することはないであろう。最後まで昔のままだったリューナー小屋付近が新しく生まれ変わったのだから。

人々の行くままに新しい橋を渡ってローゼン通りを歩いていると、マルクト広場へやって来た。広場の北側に建つのは「ハインリッヒ・ハイネの家」。ハイネの両親が住んでおり、ゲッティンゲン大学に通っていたハイネが週末に帰って来てはここで詩を書いた。ローレライの詩もここで書かれたものである。長いこと空き家のままで、いつ来ても蔦が延び放題にからまっていたが、やっと市が買い取って現在は戸籍局となっている。丁度結婚式が行われたらしく、花嫁花婿らしきカップルが出てきて親戚友人たちから祝福を受けているところだった。

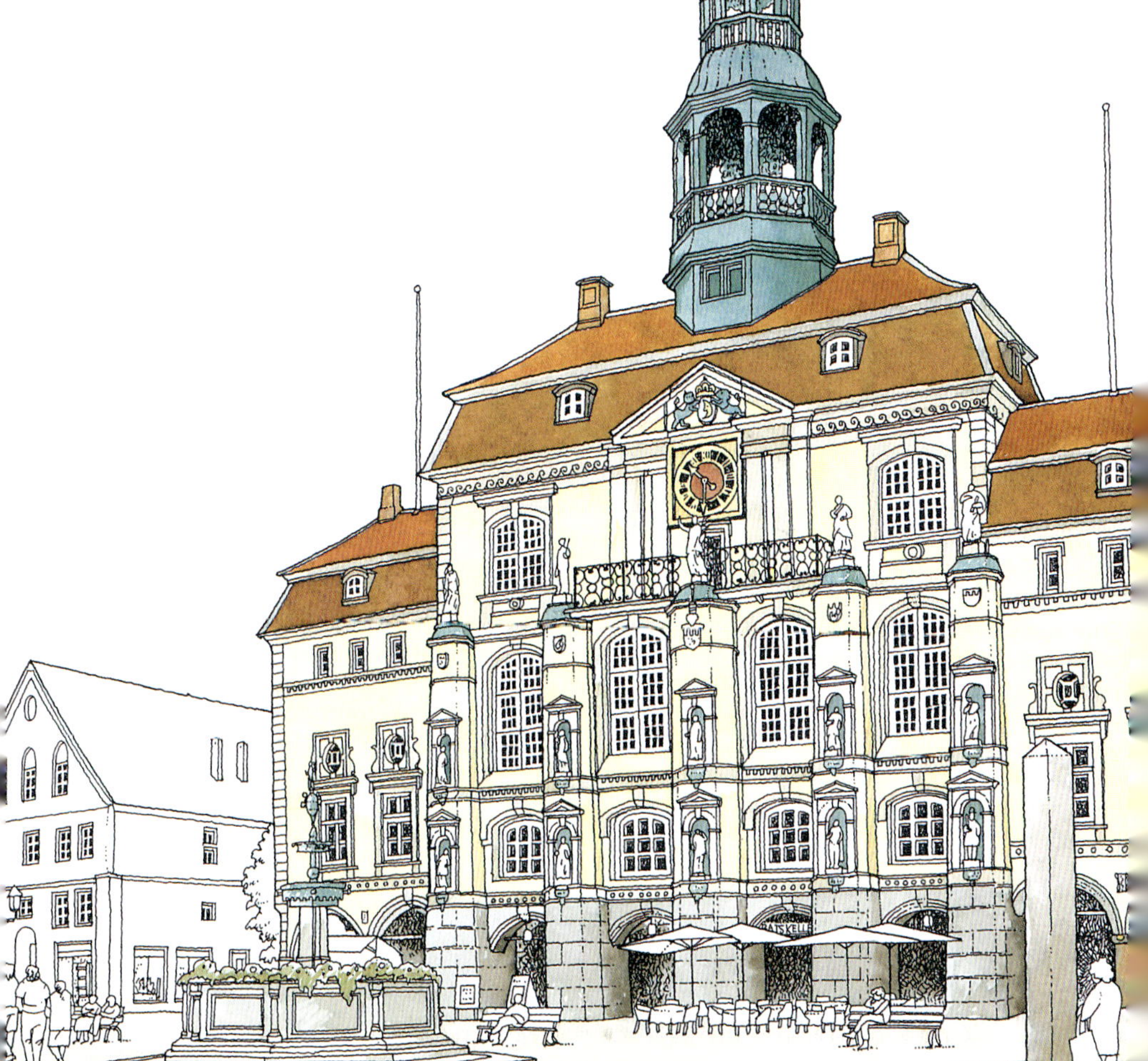

塩で築いた富を象徴する市庁舎

市庁舎内部を見学

一二三九年、この場所に町を代表する簡素な館が建てられた。それが今日の市庁舎の始まりである。その後およそ五百年の間、町が豊かになるにつれ、必要に応じて次々と建て増しされていった。ファサードはバロック様式だが、内部はゴシック、ルネサンスの様々な様式が入り交じった市庁舎で、前へ後ろへと建て増しされたため、奥行きのある、中世のものとしては最大級の大市庁舎である。市庁舎の塔にはマイセン焼きの鐘が取り付けられ、毎時間ごとに古いドイツの歌を奏でている。リューネブルクが文書に表れるのは九五六年のこと。鐘は一九五六年の市千年を記念して取り付けられた。

市庁舎の内部は、ガイドツアーによって見学することができる。正面入り口から階段を登ってすぐの「侯爵の間」は一四五〇年頃に建てられた大きなホールである。壁に描かれた歴代の侯爵たちの絵にちなんでそう呼ばれているが、建てられた当時は「宴会の間」と呼ばれ、市参事会員たちの食事の間であった。市の貴族やハンザ商人たちが宴会を行った広間でもある。

この部屋の広さは幅約十メートル、奥行き三十四メートルという大きなもの。縦に通した三十四メートルの一本の梁で天井を支えている。カシの木をつなぎ合わせた太い梁であり、十五世紀にこのような建築技術が使われたのは驚く。鹿の角で作られたシャンデリアもある。素朴と言おうか、それとも贅沢と言うべきなのであろうか。

宴会のとき、市参事会員たちは壁に造りつけられた木の長いベンチに腰掛け、彼らの前に板を並べてテーブルが作られた。食べ終わるとその板（ターフェル）は片付け（アウフヘーベン）られた。今日、食事を終えることをターフェル・アウフヘーベン（板を片付ける）と言うが、その由来はこうした中世の宴会形式からきている。

リューネブルクの銀器

リューネブルクの銀器

最も古い十三世紀の部分は二階の「ゲヴァントハウス」。布地や織物を陳列、販売していた館のことをゲヴァントハウスと呼んでおり、ハンザの商品である布地は一般に市庁舎で売られていた。そのことを示すかのように壁には十六世紀に織られたフランダース地方のタペストリーが掛けられている。市庁舎の建て増しによって周囲をふさがれ、とうとう窓のない一室になってしまった。

現在この部屋は「市の銀器」展示室となっている。塩の生産で潤っていたリューネブルクは、最盛期には二百六十個の銀器コレクションがあった。祝い事や市が大事な客を迎えるときにだけ使われたもので、市の宝物だった。贈答品として他の市に贈られたものもあるが、塩産業の衰退によって収入が減り、市庁舎の増築工事のときに銀器が売られた。特に、三十年戦争の後に大部分が売られてしまった。残った三十八個も一八七四年、市議会が財政難に陥った際プロイセン王国に売り渡した。ベルリンの工芸博物館へ行くと、このオリジナルを見ることができる。ここに陳列されているものはコピーで、十五〜十六世紀に作られた銀器の中から珍しいものが再現されている。

宴会の後、客たちが手を洗った器具がある。中世ではナイフ一本と手で食事をしたため、食事の後に召使いたちが水差しと器をもってテーブルを廻った。陳列ケースの中には客に手を洗わせるライオンの形をした水差しと、お盆のような水盤が見られる。

銀の杯の中に、実は二つだけオリジナルがある。最後の銀器をプロイセンに売り渡すとき、市は一つだけ残しておいたそうだ。ところがその後、戸棚の奥からもう一つ残っていたのが見つかり、幸い二つのオリジナル銀器がリューネブルクに残されたというわけ。

鹿の角で作られた「侯爵の間」の蝋燭立て

市庁舎は塩の収益によって次々と建て増しされていった

足下から温風が

次ぎに古い部屋は一三三〇年に建てられた「裁判の間」。アーチ型の天井に施された絵は一五二九年に描かれている。モザイク模様の石の床は一三三〇年に作られたもの。ハンザ会議の会場にも使われた部屋で、市参事会や裁判の法廷としても使用された。当時の市参事会員は裁判官も兼ねており、後ろに描かれた、キリストが手にしている剣と百合の花は、公正な判決と正しい裁きを意味している。絵には〝被告の言い分にも耳を傾け、貧しいものにも公正な判決を〟と書かれている。

興味深いのは、裁判官たちが座るベンチの足元に丸い穴が空いていること。下の部屋で火を燃やし、その熱が穴を伝わって上に上がってきた。裁判官たちは長いマントをまとっていたので、それで足をくるみ、穴の上に足がくるように座って暖をとった。台所の熱が居間に届くように工夫された中世の館はあるが、ここは下に台所があるわけでなく、一階は暖房のために火を燃やすだけの部屋だった。

イノシシの骨

裁判の間の左隣にある官房は一四五〇年頃に建てられ、「書記の部屋」と呼ばれている。市の書記たちはここで何時間も立ちっぱなしで書類を作っていた。引き出しの中には現在も古い文書が保管されている。ちょっとした中世博物館で、拷問道具や処刑用の刀などが展示されている。

天井から大きなカンテラのようなものが吊り下がっていた。しかしこれはカンテラではなく、中に入っているのはイノシシの肩の骨。このイノシシはリューネブルクの塩発見に貢献したそうだ。言い伝えによると、九五六年のこと、ある猟

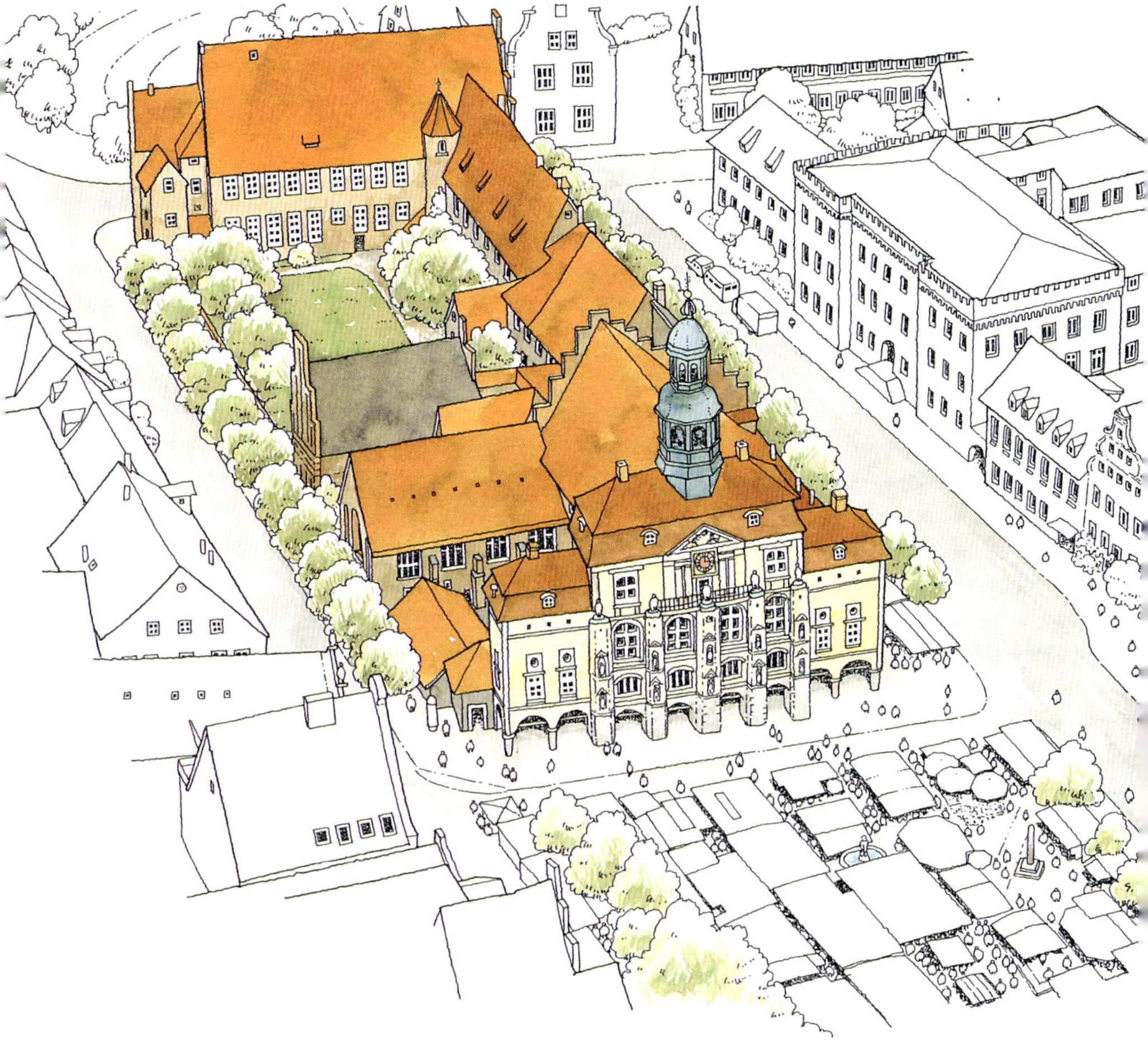

師が狩りの最中にイノシシを射止めた。ところがそのイノシシの体に小さな塩の固まりがあちこちに付いているのに気付いた。不思議に思って辺りを探したところ、塩の湧き出る泉を発見したというもの。ここにイノシシの骨が飾られるようになったのは十七世紀になってからというから、塩を発見したイノシシのものではなさそうだ。

三重扉の秘密部屋

「市長選出の間」はまるで隠れ家のようだった。二階と三階の間に造られ、わずか十段ほどしかない小さな階段の途中にも扉があるので、三重の扉で防御された秘密の部屋である。市長は四人いて、一年ごとに二人ずつ選出された。選出には長いこと審議が必要で、時には数日間を費やすこともあった。市長が決定すると、脇にある炉で火を燃やし、白い煙を上げて市民に知らせたという。何故こんなことをしたのか、またこれほど厳重な秘密体制が必要だったのかは明らかでない。推測するに、当時の市長は想像できないほどの名誉職であり、その地位の高さを象徴してこのように儀式めいたことをしたのではないだろうか。この厳重な戸締まりのため、市のお金を整理する際にここが使われた。真ん中に置かれた木の机はお金を数えるときに使ったもので、コインが転り落ちないようビリヤード台のように縁が高く作られている。

階段途中の扉には〝鍵助け〟とか〝案内レール〟と呼ばれている溝が彫られていた。暗闇の中でも鍵穴が判るように、穴へ向かって溝が掘られたものだ。市庁舎の中で、気を付けて見ていると他の部屋の扉にも付けられていた。このアイデアには感心させられた。私たちも、暗くなって家に帰ってきたとき、外灯がついていなくて鍵穴を探すのに苦労したという経験はないだろうか。現代住宅にも是非採り入れてみたい中世の〝鍵助け〟である。

塩博物館の前に置かれたイノシシの像

塩商人が築いた家並み

市庁舎見学後、目抜き通りのベッカー通りを南へ歩いてみる。リューネブルクの街並みは北ドイツ特有の煉瓦の建物である。単純な破風屋根が多いが、立派な家では階段状の屋根飾りを前面に付けている。凝った家となると、ねじれ煉瓦を使ったファサードで人目を引いている。こうした家はほとんどが塩商人たちの建てた館である。

アム・ザンデと呼ばれる細長い広場までやってきた。この広場は昔の交易所で、行商人たちはここに荷を降ろし、品物を売りさばいた。この町を通過する行商人たちは、最低三日間滞在しなければならなかった。彼らは滞在するために町に税金を払い、また広場で物を販売せねばならなかった。これは強制的な販売義務であり、しかも行商人たちは市参事会が決めた価格で物を売らなければならなかった。交易や塩で富を築き上げた人々がアム・ザンデの周りに大きな家を建てた。今でも長方形の広場は立派な煉瓦の館で取り囲まれている。

西端の黒煉瓦の建物は、現在は商工会議所だが、一五四八年にビール醸造所として建てられたもの。リューネブルクは水質が非常に良く、ビール造りに最適だった。そのため早くからビール製造が盛んで、十七世紀には八十軒以上の醸造所があった。その多くはハンブルクのビール会社に属しており、この町で造られたビールはハンブルクへ運ばれて瓶に詰められた。それでもリューネブルクの醸造所は大抵は居酒屋を兼ね、自家製ビールを店で飲ませていた。現在残っている醸造所はたった一軒だけ。それはハイリゲンガイスト通りの「クローネン・ブロイハウス」である。

レストラン「クローネン・ブロイハウス」の突き出し看板

地ビールのレストラン

商工会議所の左手を入るとすぐ、大きな王冠が吊り下がっている煉瓦の建物が目に入る。クローネとは王冠、ブロイハウスは醸造所のこと。一四八五年以来ここでビールを造り続け、現在はレストランおよびビール醸造所の「クローネン・ブロイハウス」には、ビールの歴史を伝える小さな博物館まで付属している。郷土料理が食べられる、町で最も有名なレストラン。春は近郊で産するアスパラガス、初夏は北海で捕れたカレイ、そして八月はハイデシュヌッケン。秋になるとキノコ料理、冬はガチョウやアヒルが美味しい。

郷土料理とは、その土地で穫れた食材で昔から伝わる郷土の味を伝える料理のこと。似たようなものがあちこちで郷土料理となっている。しかし、リューネブルクでしか食べられない本格的な郷土料理がある。それがハイデシュヌッケンである。これは羊の肉をローストしたもので、リューネブルガ

名物料理「ハイデシュヌッケン」

ー・ハイデの原野で放牧されている羊の肉を使っている。ハイデに放牧された羊たちは八月になると丸々と太り、脂がのって肉が美味しくなる。羊の数が限られているため値段も高く、高級料理である。このハイデシュヌッケンと呼ばれる羊は、頭の部分と足の先が黒い特殊な羊で、現在この羊を飼っている農家は七軒しかなく、羊の総数は千六百頭ほど。

リューネブルガー・ハイデへ行くと、この羊の群と、運が良ければ黒いマントをまとった古風ないでたちの羊飼いに遭うことができる。

ハンザ時代から食べていたニシンも、今では人気のダイエット料理

リューネブルガー・ハイデ

リューネブルガー・ハイデは、リューネブルクの西南約三十キロほどのところに広がる広大な砂地帯である。所々に森や林、集落などが見られるが、あちらこちらに大小様々の完全な砂地が散らばっている。そこではネズの木や丈の低い樹木しか育たず、地面にはハイデ草が深く根を張っている。八月の末から九月初めにかけて、このハイデ草が一面に花開く。薄紫色の可憐なこの花のことを、土地の人々はラテン名で〝エリカ〟と呼んでいる。ハイデは葉を出すのも遅く、よってリューネブルガー・ハイデは一年のほとんどが茶褐色の冬枯れのまま。夏の終わりのほんのわずかな期間だけ、原野は一面薄紫色で覆われ、美しくもはかな

い見事な光景が広がる。

リューネブルガー・ハイデの珍しい自然がどのように出来上がったのか、いくつかの説がある。昔から言われてきたのが人間による自然破壊説。リューネブルクの製塩のために燃料となる薪が必要であり、何百年ものあいだ木を切り倒していった結果、とするもの。ハイデ羊は木の芽を好むので、羊が芽を食い尽くしたとする説もあるが、これは有力視されていない。近年になって大陸氷河説があらわれた。スカンディナビア方面から張り出していた巨大な大陸氷河は、大量の砂と砂岩石をここに運んできた。それが氷河期の終わりになると砂岩を砕いて、所々になだらかな砂地の起伏を残しながら引いていったのではないか。現在はこの説が最も有力とされている。

リューネブルガー・ハイデが自然保護公園になったのは今世紀初頭のこと。リューネブルク郊外に住むある牧師が、リューネブルガー・ハイデの未来を案じ、地元の富豪たちから資金をつのって一九〇六年にハイデ草とネズの木だけが生える「死の谷」を買うことができた。しかしハイデを自然破壊から守り抜くにはこれだけでは不十分と予見し、自然保護指定地域となるように奔走した。その結果、一九一〇年に念願の「リューネブルガー・ハイデ自然保護公園」が誕生する。以来、車の乗り入れは一切禁止。自転車と馬車だけが許されている。観光客の多くはハイデの入り口となるいくつかの村まで車やバスで行き、そこからは徒歩か馬車でハイデをめぐる。

ハイデの拠点となっているウンデロー村にはペンションもあり、ちょっとした土産物店まで並んでいる。古い民家が五軒ほど建つヴィルセーデ村では、そ

ハイデ羊と羊飼い

の一つが郷土博物館となって昔の農機具が無造作に置かれている。「死の谷」へ行くにはヴィルセーデ村から歩かねばならない。ここから先は馬車や自転車さえも禁止されているからだ。

花の季節でなくても、ハイデ草とネズの木だけが生える原野には荒涼とした美しさがある。冬枯れの原野でさえ美しいと思う。人間は自然を破壊続けてきたが、ここへ来ると自然を守り抜こうとする人間の底力を感じる。

地盤沈下地区

ハイリゲンガイスト通りを更に西へ進むと、この通りの名称ともなった「ハイリゲンガイスト救済院」がある。十三世紀に病人や巡礼者のために建てられたもので、設立者は当時製塩権のあったズルフマイスターたちであろうと言われている。ズルフマイスターとは製塩所の持ち主たちで、彼らはまた市参事会員でもあった。その後ここは養老院となったが、製塩労働者のために常に六つのベッドを開けておかねばならない決まりがあった。製塩所が閉鎖された今日でも、ここは相変わらず養老院として使われている。

製塩所は旧市街の外にあった。リューネブルクが古文書に表れるのは九五六年のことで、製塩はその頃から始まったと見なされている。十四世紀頃がリューネブルクの最盛期で、その頃はハンブルクを凌ぐ豊かな塩商人の町であった。ハンザ時代の重要な輸出品として取り引きされていた塩も、地中海でとれる安価な塩が出回るようになると急に売れ行きが鈍り、製塩業は次第に衰退していった。しかしそれでも細々と製塩は続けられ、それはなんと一九八〇年まで続いていたのである。工場は一九八〇年九月十二日に閉鎖された。

千年以上の長きに渡って地下の岩塩水をくみ出していたため、工場の近くでは大規模な地盤沈下が

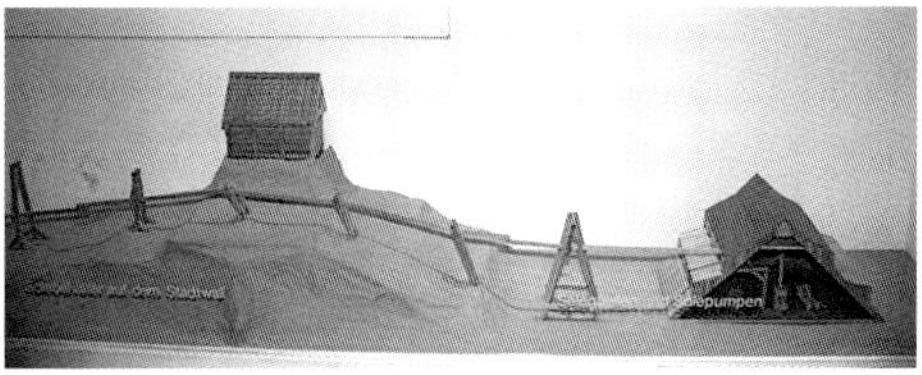

当時の製塩所の模型。
汲み上げられた塩水は木製の樋で流されていった。

起こっている。工場の北側一帯は労働者が住む貧しい地域だったが、被害はそこに出た。民家の家の梁がたわみ、窓枠がゆがみ、壁が膨らんでいる。これまでに平均一・五メートルの地盤沈下が起こり、今でも年に数ミリずつ沈んでいく。しかし驚いたことにごく最近、この地盤沈下区域が高級住宅地になっているという。沈下を恐れて住民たちが家を出ていった後、ここにやってきたのは金持ちたち。よじれた壁やゆがんだ出窓に希少価値を見いだし、沈下に備えた補修工事を行って住んでいる。修理にも維持にもかなりの費用がかかるので、ゆとりのある人しか買うことができない。週末の別荘用に購入する人もいるらしい。

塩の歴史をじっくり探る

塩博物館は町外れにある。製塩所だった所に開館したもので、「塩の泉の家」と呼ばれる白い小さな建物が最初に現れる。敷地内に残る工場だった建物はスーパーマーケットになっていた。博物館の入り口脇にイノシシの銅像があり、胴体にはまだら模様のように塩が付いている。

中に入ってすぐ目にはいるのが、塩漬けされたニシンと肉の樽。中世では食物の貯蔵法としてこの方法がとられた。塩漬けニシンの場合、通常半年はもつ。食べるときは三日前に樽からだして水に三日間浸けて塩抜きせねばならなかった。それほど大量の塩を使っていたのである。リューネブルクの塩はリューベックまで運ばれていった。リューベックのトラヴェ河畔には塩の倉庫があった。塩はそこに保管され、今度はコッゲ船でスカンディナビアやロシア方面へ取り引きされていった。そのことを判りやすく説明するため、大きなヨーロッパ地図が壁に掛かり、矢印で塩のルートが印されている。地中海方面からも矢印が上がってきている。海水を乾かして製塩する方法が開発され、新しい塩が地中海から北海へ運ばれてきた。海水から採られる安価な塩が大量に生産されるようになると、リューネブルクの塩は売れ行きが鈍っていった。生産は落込んでいくが、十八世紀になると味の良い岩塩が調味料として見直された。こうして高くても質の良いリューネブルクの塩は、近年までずっと生産されていたのである。

どのようにして塩が作られたか

リューネブルクの地下には深さ四キロメートルの厚い岩塩層が横たわっている。ここから湧き出る濃い塩水を蒸発させて塩を精製した。当時のリューネブルクの町と製塩所を再現したジオラマがあった。町は市壁で囲まれていた。そしてこの工場もまた塀で囲まれていた。先ほど見た「塩の泉の家」が中央にあり、その周りに五十四軒の建物があった。一つの建物の中には一メートル四方の四角い鉛製フライパンが四つあり、そこで塩水を湧かして塩を造った。建物は全て木造の藁葺き屋根。火を使う工場なので火災が発生しやすく、そのため塀の周りには幾つかの見張り塔が立てられ、火災が起こっていないか絶えず注意していた。まるで一つの中世都市である。見張るのは火事ばかりではなく、塩を秘かに持ち出す者がいないか、労働者たちのチェックも塔の上から行われた。工場内では三百人以上が働いており、彼らが帰る時には塩を隠し持っていないかどうか、出口で検査を受けた。それほど当時の塩は貴重で高価なものだったのである。

塩水はリューネブルクの五カ所で汲み上げられ、製塩所中央にある「塩の泉の家」へ集められてから五十四軒の建物に流されていった。木で樋を作り、何本もの樋をつなげて「塩の泉の家」まで塩水を流した。最も大変だったのは塩水を汲み上げる作業。ポンプが発明される前、これらの仕事は全て人の手によって行われた。塩泉では三人が桶で塩水を汲み上げ、他の三人が高所にある最初の樋に流す。非常に重労働だったためシフト制で働いていた。製塩所は二十四時間稼働しており、塩水を汲み

塩の泉の家

桶で塩を汲み上げる作業

塩漬けされたニシン

かまどの製塩フライパン

製塩所の模型

コッゲ船の船底断面

出来上がった塩は樽に詰められ、馬車で運ばれた

生肉も塩漬して保存された

上げる労働者たちは六時間ずつ働いた。それ以上働くことは困難なほど、この作業はきつかった。

博物館の中には桶で塩水を汲み上げ、樋に流す作業が壁に描かれている。二人の監視官が作業を見守っている。彼らは塩泉に地下水が入り込んでいないかどうかも検査していた。地下水が混ざると塩分が薄まり、蒸発させるのにより多くの薪を使うことになる。竈《かまど》の薪は周辺の森から運ばれた。リューネブルクから森が消えるほど、多くの燃料が必要だった。リューネブルガー・ハイデが森林伐採の結果であるとする説はここから生まれた。

塩の道のルート

塩博物館最後の部屋には、樽に詰められた塩やそれを運んだ馬車が展示されている。コッゲ船の大きさを示すため、実物大の船底を造ってそこに樽が積み込まれている。積載量は船の大きさによって百トンから二百トンというから一度にかなりの塩を運ぶことができた。塩が布袋詰められるようになったのはずっと後のことだった。
塩が運ばれたルートの地図が壁に架かっていた。リューネブルクからリューベックまでのルートで、これが今日の「古き塩の道」である。意外なことに、塩街道はラッツェブルクを通っていない。博物館の人に説明を求めると、ラッツェブルクは陸路の街道からも水路の運河からも外れており、最初から「塩の道」の町ではなかったという。今は観光ルートとしてラッツェブルクが「古き塩の道」に組み入れられたそうで、これは思いがけない発見だった。(77頁の地図参照)
最も古いルートは、全行程を馬車で運んだ。リューネブルクを出発した馬車は、ラウエンブルクより五キロ余りエルベを下ったアルトレンブルクという小さな町へ向かった。そこからエルベ川に入り、馬車でそのまま対岸のシュナーケンベックへ渡った。それは当時のエルベは川底がまだ浅く、特にア

製塩所で働く労働者

【塩のフライパン】
一メートル四方の真四角な鉛の作り付けフライパンの下で薪を燃やす。この小屋の温度は四十五から四十八度まで上がったという。そのため労働者たちは白い作業服を身にまとい、熱と汗と戦っていた。六十リットルの塩水から十五キロの塩が採れたというから、一リットルあたり二五〇グラムの塩が出来上がる。その白さには定評があったため、処理する祭に汚れた塩は労働者たちに安く分け与えられた。
近年まで実際に使われていた〝大フライパン〟がそのまま残っている。幅八メートル、長さ二〇メートルというプールのようなフライパンで、鉄で出来ている。全て自動だが、塩が出来上がるまで四週間かかった。

ルトレンブルクとシュナーケンベックの間は最も浅くて川底が平らだったため、馬車で渡ることが可能だったそうだ。

船と馬車のコンビネーションでは、一度にたくさん運べる船でラウエンブルクまで行き、馬車に積み替えられた。イルメナウは真っ直ぐラウエンブルクに流れていると思っていたら、二十五キロも下流でエルベに合流している。木製クレーンで積み込まれた塩はイルメナウを下り、エルベ川に出てから三十キロ遡ってラウエンブルクへ着いた。

一三九八年、シュテックニッツ運河が完成した。ラウエンブルクからリューベックまで七年の歳月をかけて建設された、ドイツで初めての運河である。これは、塩の道の全行程を船で運搬可能にした画期的な工事だった。シュテックニッツ運河が完成すると、塩の運搬は全て水路で行われるようになる。

ハンザ最大の取引商品であった塩はこのように多くの人手を借りてやっと出来上がり、樽詰めされてリューネブルクを出発した。

【 人々を惹き付けるツェレ 】

古くから"北ドイツの真珠"や"北のローテンブルク"などと謳われたツェレ。ローテンブルクが"お伽の国のような町"と表現されるなら、ツェレのイメージは"積み木のような町"であろうか。ツェレでは木骨の柱や梁が原色に近い赤や緑で塗られ、まるで積み木で作ったようなカラフルな町である。

家の建て方の特徴は、木骨家屋に急勾配の破風屋根、そして階を重ねるごとに前面が道路側に50〜60センチほど張り出していること。市壁で囲まれていた中世では土地が限られており、住居空間を少しでも広げるためこうなった。これは同時に税金対策でもあった。当時の固定資産税は一階の床面積と階の数で定められていたからだ。また屋根裏部屋は住居と見なされず、税金が課せられなかったので住居階は２階までで３階から上は屋根裏部屋という家が多い。見事な破風屋根にはそんな裏話もあるのだ。ツェレはリューネブルクからおよそ75キロ南、列車で40分ほどの距離である。

階を重ねるごとに前面が道路側に張り出していくツェレの家屋

高台にある小さなマルクト広場

Mölln

メルン

ティル・オイレンシュピーゲルは
実在したか?

ニコライ教会の手前にある市庁舎

塩の中継地

リューネブルクを発ってメルンへ向かった。電車は二両編成のローカルなもので、リューネブルクとリューベックの間を往復しているから正に「古き塩の道」列車だ。昨日、「古き塩の道」を知るにはラウエンブルクにも行かねばならないと思い、夕方この電車に乗ってラウエンブルクへ行ってみた。乗ってから二十分ほどで電車はエルベを渡り、ラウエンブルクに着く。駅のすぐ前をシュテックニッツ運河が流れ、エルベに合流している。ラウエンブルクは観光の町ではない、とリューネブルク観光局で聞いていたが、本当に特別な町ではなさそうだ。塩の道の足跡は何も見つからなかったので、早々に戻ってきた。

　昨日と同じ電車に乗って再びエルベ川を渡る。メルンへは四十分ほどで到着した。町は駅から少し離れているが、歩ける距離である。メルンの名はスラブ語のミュレに由来している。町の紋章が水車なのでミューレ（水車）という意味かと思ったら、湖という意味だそうだ。一一〇四年に文書に登場したメルンは、早くも一二〇二年に町に昇格する。「古き塩の道」がメルンを経由していたため、中世では商業路の中継地として栄えていた。十四世紀末に運河ができると「塩の道」沿いの町々は急に寂れていった。塩を運ぶルートが陸から水路へと変わり、それによって中継地も異なってしまったからである。ところがメルンは南北に長い湖に面していたため、シュテックニッツ運河はこのメルン湖を通って建設された。そのため中継地として生き残ったのである。しかしハンザの衰退と共に町は次第に衰えていく。そしてメルンは塩の中継都市としての役割を終え、静かに時の流れを見守ってきた。今日では飲用鉱泉の保養地になっている。

　町の規模は大変小さく、両脇に店の並んでいる国道が唯一の繁華街のようだ。高台にある教会の前がマルクト広場だと聞いて驚いた。小さな広場の端に、奇妙な格好で座っている銅像がある。彼こそ、

メルンの紋章を掲げた建物

メルンの主役ティル・オイレンシュピーゲルである。メルンは一般に、「塩の道」よりオイレンシュピーゲルの方で知られているようだ。

ティルってどんな人？

ティル・オイレンシュピーゲル。音楽ファンならリヒャルト・シュトラウスの『ティル・オイレンシュピーゲルの愉快ないたずら』で彼を知っているかもしれない。十六世紀に出された民衆本の主人公だが、実在の人物とも言われている。民衆本によると、彼はブラウンシュヴァイク近郊のクナイトリンゲン村で生まれた。クナイトリンゲン村にはオイレンシュピーゲルホーフという大農家があるが、十七世紀以降の農家で、ティルとの関係は明らかでない。生まれた年代は印されていないが、一三五〇年にペストにかかってメルンで死んだと書かれている。メルンには亡くなった聖霊病院もあれば彼の墓碑もある。つまりメルンだけが彼の存在を明確にしている唯一の町なのだ。

子供の頃から大変ないたずら好きで、大きくなってからは各地を渡り歩き、行く先々でかなり悪質ないたずらを重ねてきた。全九十六話のほとんどがティルのいたずら話で、いたずらの元になっているのは〝言葉遊び〟である。慣用句など独特の言い回しを、ティルは敢えてその言葉の通り単純に解釈して実行する。その結果、親方や司祭から叱られる。ティルは相手が怒るのを承知で言葉通りに行い、「あっしは言われた通りにやったんですぜ」と言い訳する。九十六の話の中には手工業者に関係するものが多い。様々な職種の親方のもとで奉公したティルであるが、大抵は親方が一杯食わされ、ティルはすたこらさっさと逃げ出していく。かなりの悪さをするのだが、十六世紀頃の人々はティルのいたずらをひどいとは思わず、お腹をかかえて笑ったという。司祭や親方に対する日頃の不満が人々の間に鬱積していたのだろうか。

Mölln

湖のほとり、大聖堂を取り囲むようにメルンの町は形成されていった

オイレンシュピーゲルの菩提樹

道化師としてのティル

マルクト広場のティルは、民衆本の表紙にあるような古風なものではなく、まるでピエロのような恰好をしている。ブラウンシュヴァイクで見た仕掛け時計のティルもピエロの恰好をしていた。ティルは道化師ではなかったが、全九十六話の中には道化師的存在となって城主を笑わせる話が十七話もある。実際のところ、ティルは遍歴職人でもなければ道化師でもない。しかしティルを現代で再現するには道化師の方が判りやすいからいつもピエロの姿で描かれるのだろう。この銅像は一九五〇年にメルンの彫刻家によって制作された。ティルの顔は制作者自身の顔だそうだ。銅像の下は噴水になっていて、水質が良いためこの水はこのまま飲むことができる。ティルが上に座っているので、町の人はティルの〝おしっこ〟だと言っている。実際、物語の中には排泄物が常につきまとう。オイレンシュピーゲルの物語の多くは、排泄物嗜好の手法を駆使して成り立っているのだ。

墓碑と菩提樹

町の人に「ティルの墓碑はどこにあるのですか」と尋ねたら、「墓碑ではなく、記念石ですよ」と訂正された。オイレンシュピーゲルが実在の人物でないとしたら墓碑ではないからだ。町の人の、そんな気の使いようが興味深い。その記念石は、マルクト広場より一段高い場所のニコライ教会外壁にあった。頑丈な鉄柵がはめられているので見えにくいが、まさしく専門書に必ず載っているあの〝メルンの墓碑〟だ。一五一五年版の『ティル・オイレンシュピーゲル』に登場する木版画のティルよりずっと素朴で、とてもいたずら者とは思えない。オイレンシュピーゲルは右手にフクロウを、左手に鏡を持っている。オイレはフクロウ、シュピーゲルは鏡のこと。フクロウはギリシャ神話では知恵の

ティル・オイレンシュピーゲルの記念石

象徴、鏡は自らを映し出すものとして自戒の象徴である。知恵と自戒。ティルは自ら為せるいたずらにまんまとはまっていく人に知恵と自戒を求めている、と解されている。

墓碑の目の前に大きな菩提樹の木がある。「オイレンシュピーゲルの菩提樹」と名付けられ、この木の下にティルが葬られているという。ティルがここに埋葬されるときの話が第九十五話にあるので、ここに全訳を紹介しよう。

オイレンシュピーゲルの埋葬のさい、きてれつなことが起こりました。教会の墓地でティルの納まったお棺の周りに一同立ちならび、棺に二本の綱をかけ墓の中に埋めようとしました。そのとたん足の方の綱がまっ二つにちぎれ、お棺はそのままどすんと墓のなか。オイレンシュピーゲルは棺のなかで立った恰好になってしまいました。連中は口をそろえて言いました。「そのまま立たしておけや。だって生前も変わっていたから、死んでからも変わり者でいたいんだろう。」そこで彼らは墓穴をふさぎ、ティルをまっすぐ立たせたまま、墓の上に石をひとつのせました。そして、石の片面にふくろうと、ふくろうのとまっている鏡を彫り、石の上にこう書きました。

何人もこの石をもち上げるべからず
ここにオイレンシュピーゲル埋葬されて立つ西暦千三百五十年

『ティル・オイレンシュピーゲルの愉快ないたずら』法政大学出版局　藤代幸一　訳

通常は「ここに埋葬されて眠る」と書かれるべきなのに〝立つ〟とあるのが面白い。最後の九十六話は墓碑の内容とフクロウと鏡の木版画、そして一五一五年にシュトラースブルクでヨハネス・グリーニンガーによって印刷された本であることを記しただけなので、九十五話が実質最終話となる。

歯痛の守護者ティル？

突然、ニコライ教会の鐘が鳴った。昼の十二時である。鐘が鳴り終わると、グロッケンシュピールが短い演奏を始めた。重々しいが単調な調べだ。これは「オイレンシュピーゲルの歌」という曲で、歌詞がある。その歌詞も単純で、「オイレンシュピーゲルはここに埋められた。菩提樹の木の下に埋められた」というだけのもの。

ティルが〝立っている〟とされる場所に植えられた菩提樹は何代目かのもの。しかしそれには理由がある。誰が言い出したのか、ティルは歯痛の守護者と崇められ、各地から歯痛で悩む者がメルンにやって来て菩提樹に釘を打ち込んだ。そうすると歯痛が治ると信じられたからである。無数の釘が打ち込まれたため菩提樹は枯れてしまい、若木の菩提樹が植えられた。十八世紀になると今度は遍歴職人たちがメルンを訪れ、記念のため釘を打ち込んだため、菩提樹はまた枯れてしまった。現在の菩提樹には、釘のためか幹にいつくか穴が空いており、この穴にコインを入れて木の周りを三回まわるとポケットはコインでいっぱいになると言い伝えられている。こんな迷信は誰も信じないだろうが、それでも幹にはいくつかのコインがはめ込まれていた。

ティルの木彫刻（記念館）

オイレンシュピーゲル記念館

ニコライ教会の前にティルの記念館があった。実在した可能性の低い人物なので、歴史的価値のある展示館ではないが、物語の場面を人形で再現したり、子供が楽しめる記念館である。パン焼き竈の前でせっせと働いているピエロ姿のティルは、フクロウと尾長猿の形をしたパンを大量に焼いているところだ。

マルクト広場の噴水の上に座るティル

フクロウと尾長猿のパンを焼くティル（記念館）

フクロウと鏡を手にしたティルのステンドグラス（記念館）

EIS·WOL·WANN·ICH·VAHRE VNDWEIS·WOL·WORHIN·MICH·WVNDERT·DASICH TRVRICHBIN
1582
ティルに扮した町の観光案内人

第十九話に基づくこの場面、ブラウンシュヴァイクのパン屋に雇われた時のこと、親方に「何を焼きましょう?」と聞いたところ、親方は呆れて「フクロウでも尾長猿でも焼きやがれ!」と叱る。これはこの地方の言い回しで、くだらないことを聞かれたときに答えるのだそうだ。ティルは言われた通りに変わった形のパンをたくさん焼き上げた。怒った親方はティルに粉代を弁償させ、彼を追い出す。ティルが大量のパンを広場に持っていくと、珍しいフクロウと尾長猿の形をしたパンはみな売り切れた。その代金は粉代を遙かに上回ったため、親方はずいぶんと悔しがった。

この十九話は尾籠な話が一切なく、ストーリーの構成も良くできていて、子供に聞かせるに最適だ。今日ブラウンシュヴァイクにはフクロウと尾長猿の形をした名物お菓子がある。

ティルが亡くなったとされる聖霊病院

ティルが亡くなった聖霊病院

ティルが亡くなった聖霊病院はマルクト広場のすぐ近くにあった。今日そこは老人たちが集う談話館であり、建物も中世の聖霊病院時代より小さくなっている。物語によると、ティルがメルンにやってきたのは一三五〇年のこと。メルンにたどりついた時はすでに体が弱っており、薬屋の主人によって聖霊病院に入れられる。第九十話から舞台はメルンとなり、最終の九十六話までティルが病気になって死んでしまい、葬られるまでのことが書かれている。ベギン会(俗人で修道女のような生活を送った団体)の老女や町の司祭がティルに、これまでに犯した罪を懺悔するよう散々諭すが、ティルはその度にとんでもないことを口にしたり、しでかして相手を怒らせる。第九十三話でティルは遺言状を作り、立派な箱に入っている財産を三つに分けて親類とメルンの市参事会、そしてメルンの司祭に譲った。そしてティルは亡くなった。ところが箱を開けてみると中には石ころばかり。相続権のある三者は、誰かがこっそり財産を持ち出したとそれぞれを疑い、怒ってその場を離れていく。この第九十三話の絵が先ほどの記念館にあった。親類と市参事会員と司祭がティルの遺言を聞きながら、一同立派な箱を見つめているユーモラスな絵である、

こうしてティルは死んでからも人々をかついだ。ティル・オイレンシュピーゲルは一三五〇年にペストにかかり、メルンで死んだとされているが、メルン市の文書には一三五〇年頃この町でペストが流行したという記録はない。その頃にティルらしき人物がこの町で亡くなったという手がかりもない。それでは何故メルンに彼の足跡を伝えるものがたくさんあるのだろう。一体、ニコライ教会の墓碑はいつ誰が彫ったものなのであろうか。架空とも実在とも区別が付かないところにオイレンシュピーゲルの面白さがあり、それがために人々が惹かれる。オイレンシュピーゲル・ファンと研究者たちに多くの課題を残し、ティルは今でも私たちをかついでいるのかも知れない。

塩の道とシュテックニッツ運河

ニコライ教会の隣には一三七三年に建てられた市庁舎がある。上階は会議室で地下はラーツケラー、一階は歴史博物館になっている。ハンザ時代の歴史が判るというので入ってみると、塩の道とシュテックニッツ運河のことが詳しく解説されていた。初期の頃、塩はリューネブルクから馬車でリューベックまで運ばれた。そのときの最大の中継地がメルンだった。当時の街道は砂利道で、森や林を切り開いて造られ、馬車が通れる幅だった。商人たちは税金を払って町に入る。彼らはメルンに用が無くても税金を払って町へ入らねばならなかった。それというのも全ての道路がメルンに向かって造られており、この町を通過せずに先へ行くことは出来なかったからである。

十四世紀末にシュテックニッツ運河が完成すると、塩の運搬のほとんどが水路で行われるようになる。平均で一つの船に百五十の塩樽が積まれた。一五〇〇年頃の記録には、年に千艘以上の運搬船が

【オイレンシュピーゲルの民衆本】

民衆本とは、民衆の間で生まれ、人々の間で語り継げられてきた十五世紀から十六世紀にかけての文学様式のことである。中には高尚な作品もあったが、多くは通俗な読み物であった。メルヒェンと異なり、大人が楽しむものであるため、尾籠な話しや猥褻な話が多かった。口承文学のほとんどがそうであるように、旅籠宿で語られた。「オイレンシュピーゲル」は尾籠な話は多いものの、卑猥な話はまるでない。これは民衆本としては珍しい。また圧倒的に遍歴職人としてのティルの話が多いことも特徴である。作者は遍歴職人が集まる旅籠宿で素材を得たと解されている。

オイレンシュピーゲルのテキストは、最も古いものがシュトラースブルクのヨハネス・グリーニンガー印刷所で作られた一五一五年の『ティル・オイレンシュピーゲル』である。これが誰によって書かれたものなのか明らかでないが（シュトラースブルクの風刺詩人であるとの見方もあるが確かでない）、いずれにせよ作者は北ドイツで聞き集めた話を素材に書いた。我が国では一九七九年に藤代幸一氏による『ティル・オイレンシュピーゲルの愉快ないたずら』（法政大学出版局）が初めての完訳として出されている。

北ドイツの代表建築ラッツェブルガー・ドーム

（右上）ドーム前のライオン像はハインリヒ獅子公の象徴
（右下）ドームの中庭
（左）北ドイツの名物料理「お百姓さんの朝御飯」

【　市庁舎の地下レストラン　】

市庁舎地下のレストラン、「ラーツケラー」はどこでもその町を代表する立派なレストランである。メルンでは特に名物料理というものがないので北ドイツの郷土料理「お百姓さんの朝御飯」を注文してみる。

運ばれてきたのは、ボリュームあるジャガイモのオムレツのようなもの。こんなにボリュームあるのかと驚くと、ここのは少ない方で、もっと大きな皿で出てくるところもあるとのこと。材料はスペイン風オムレツと似ているが、見た目も味も全く異なる。スライスして茹でたジャガイモをフライパンでカリカリに焼く。同様にカリカリに炒めたベーコンとタマネギを加え、たっぷりの卵でさくっと炒める。北ドイツの農夫たちは朝からこのようにたっぷり食べて野良仕事に出かけたのだろう。メルンのラーツケラーは小さいけれど、中はクラシックなインテリアで落ち着いた雰囲気。ティル・オイレンシュピーゲルの壁画も見られる。

ラッツェブルク湖

往来していたとある。一度に運べる塩の量は馬車とは比較にならなかったが、水門のため時間は船の方がかかった。ラウエンブルクとリューベックの間には十七もの水門があった。幅の狭い運河は一方通行だったので、一艘が航行していると他の船は水門で待たねばならなかった。そのためリューネブルクからリューベックまで一ヶ月もかかった。一日およそ三キロしか進まなかったことになる。

地図を眺めているうち、大変なことに気が付いた。昨日ラウエンブルクで眺めた運河はシュテックニッツではなく、二十世紀になって改造されたエルベ・リューベック運河だった。シュテックニッツは駅の裏側にあり、しかもそこにはパルムシュロイセと呼ばれるヨーロッパで最も古い大規模な水門が保存されている。そんな貴重な水門を見逃したとはなんとも残念でならない。

多くの人に頼った塩

建設当時のシュテックニッツ運河を航行する船の様子が描かれていた。運河を航行する船はザルツプラームと呼ばれていた。ザルツは塩、プラームは艀など小型船のこと。このザルツプラームを両岸から人が綱で引っ張っている絵があった。当初は船にモーターがなく、内陸で風が無いため帆も張れない。運河は浅かったので小さな船は竿で進むこともあったが、ザルツプラームの多くはこうしてラウエンブルクからリューベックまで綱で引かれていった。運河の幅は三メートルほどだったので両岸から引くことができた。一日三キロしか進まなかったのは水門のせいではないようだ。シュテックニッツ運河の両岸にある町や村の住民が、女性も含めその役目を担った。馬が使われることもあった。重労働だったが、船が通過する村の住民たちが次々とリレー式に受け持ったので問題なかったという。

船の守護聖人を奉るニコライ教会には、運河の船乗りだけが座ることを許された十六世紀の椅子が残っている。幅五メートルもある大きな椅子で、細かい彫刻が施された実に立派なもの。左上に彫られたハーケンと竿を交差させたワッペンはシュテックニッツ運河の船乗りたちの紋章である。こうしたものを見る限り、運河の船乗りたちはちょっとした特権階級に属していたようだ。

シュテックニッツ運河は、十九世紀末に大がかりな河川工事が行われ、今世紀になってエルベ・リューベック運河と名前を変えた。ラウエンブルクからメルンまでは別の水路が建設され、古い運河は灌漑用水として使われるようになった。既に埋め立てられてしまった箇所も多く、ラウエンブルクのように水門まで保存されている所は珍しい。シュテックニッツ運河はリューネブルクの塩を運ぶために建設された水路だったが、これはまた、ドイツで初めて建設された運河であった。十四世紀末の技術では、土木工事にどれだけの人間が携わったのであろうか。周辺の村人たちが借り出されただろうし、彼らは運河が完成すれば船の航行にも携わった。

リューネブルクの塩は、製塩に至るまで多くの人手を必要とし、そしてでき上がってからもなお、このようにたくさんの人に頼りながら運ばれていった。

ラッツェブルクの大聖堂

ラッツェブルクが本来の「古き塩の道」から外れていることが判っても、メルンの次の駅だったので立ち寄ってみた。ラッツェブルクは湖の町で、四つの湖とそこに浮かぶ島から成り立っている。ハインリヒ獅子公ゆかりの大きなドームは島の中にある。湖に突き出た半島のような島だった。

路上の所々に描かれた大きなライオンの足跡は、島の名所巡りの順路。これを辿っていくとドームが見えてきた。ラッツェブルガー・ドームの象徴であるライオンがドームの庭に立っている。ザクセン大公であるハインリヒ獅子公は、十二世紀に北ドイツ一帯を統治していた強力な支配者で、大変有能でありライオンのように勇ましかったため獅子公のあだ名が付いた。

ドームの建設は獅子公によって一一五四年に始まった。内陣の椅子は一二〇〇年頃のもので、貴重なロマネスク時代の遺産である。内部は何世紀もの間に何度も改築され、その都度時代に合った様式に変えられたが、一九六六年に建設当時のロマネスク様式に戻された。ロマネスク様式の煉瓦造りの教会では北ドイツで最も古く、この時代のもとしては最大規模。塔の高さは五二メートル、四角形の力強い塔は、まるで天守閣のよう。フリートベルク（古城に見られる避難場所としての塔）のように頑丈な塔は、ハインリヒ獅子公が自らの力を誇示するために造ったという。内部に隠れ部屋などなく、階段と鐘だけがおさまっているだけ。年に一度、大晦日の夜に塔の上でトランペットの演奏があるのみで、それ以外は使われることのないドームの塔である。

ドームの近くには、ラッツェブルクの農家が保存されている。面白いのは屋根の破風に取り付けられた飾り彫刻。棒のようなものに馬の顔を彫ったもので、馬の鼻を内側に向けて取り付けてある家は、その家に跡取りがいることを示している。外側に向いていたら、その家には娘しかいなくて婿養子を募集中という意味なのだそうだ。この家は跡取りがいる、あの家は募集中、といろいろ想像しながら歩くのはとても楽しかった。

古き塩の道

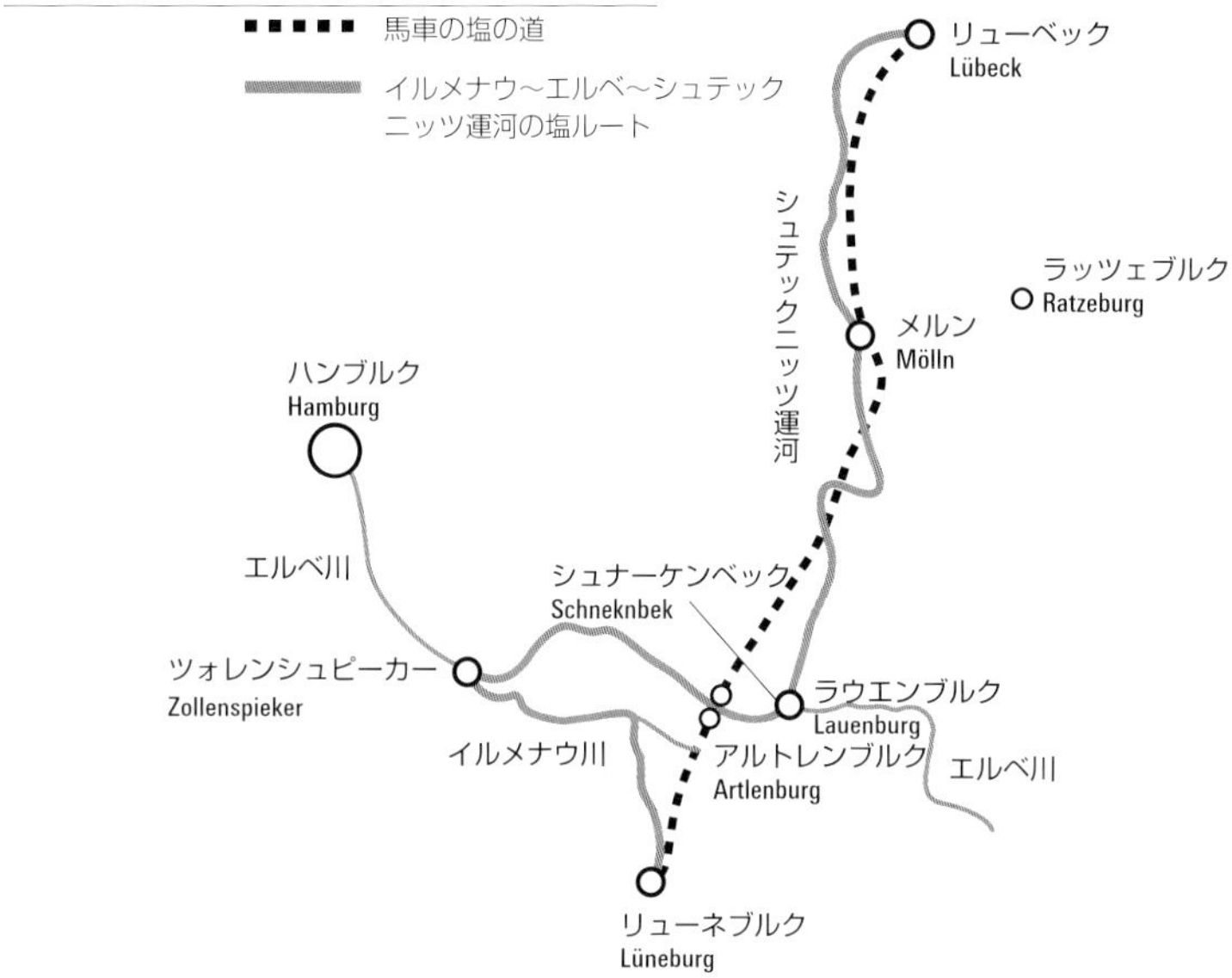

トラヴェ河畔の家並み

Lübeck

リューベック

市民に還元されたハンザの富

塩がストックされた町

リューネブルクで採れた塩は、メルンからベーレンドルフなどを通過してトラヴェ河畔のリューベックまで運ばれた。塩はいったんホルステン門の脇にある塩の倉庫に積み入れられ、新たにバルト海沿岸諸国へと船で輸出されていった。リューベックは一一四三年にシャウエンブルク家のアドルフ二世によって建設される。ハインリヒ獅子公はリューベックが商業で繁栄していくのをみてアドルフを追い出し、一一五九年にリューベックを自分のものにした。ハインリヒ獅子公は北欧の諸都市へ使者を派遣して平和を提案し、リューベックとの自由往来を望む。その結果、ドイツ各地の商人がリューベックから北欧へ赴き、北方から商品を持ち帰った。ハインリヒ獅子公は、バルト海に浮かぶゴトランド島の商人とドイツ商人との間で平和を宣誓させた。これがハンザの始まりと言われている。

一一八〇年にハインリヒ獅子公が失脚するとリューベックは神聖ローマ帝国直属の都市となった。皇帝バルバロッサから一一八八年に商業と航行、漁業の特権を与えられ、一二二六年にはバルバロッサの孫である皇帝フリードリヒ二世から帝国自由都市としての特権を与えられた。こうしてリューベックは商業都市としてますます繁栄し、ハンザの中心となっていく。

旧50マルク紙幣に登場したホルステン門

旧紙幣五十マルク札のホルステン門

中学時代に読んだトーマス・マンの『トニオ・クレーゲル』は冒頭部分しか記憶に残らなかった。バルト海に近い北ドイツの天候を端的に表したマンの描写と、実吉捷郎氏の見事な訳からリューベックのイメージが生まれた。実際に来てみると、トニオとハンスの帰宅路だった土手は想像していた牧歌的なものとはほど遠く、立派な林の堡塁だったので面食らってしまったのだが。

その土手は中央駅から堀を渡ったすぐ右手にある。今もトーマス・マンの時代とさほど変わらぬと思われるホルステン土手は、何度見てもやはり立派過ぎる。正面に見えるホルステン門は、一四七七年にデンマークに対する軍事圧力として建てられた重量感のある市門。ハンザ都市の威風を誇示するにふさわしく、現在は歴史博物館となっているが、中世では見張り兵が住んでいた。門の正面上方にラテン語で「町の中には協調を、門の外には平和を」と、ハンザ商人の精神が表れた金文字が見られる。ホルステン門の前のトラヴェ川を渡ると、そこから旧市街が始まる。

中世の雰囲気を保つ塩の倉庫

ホルステン門の右隣には赤煉瓦の「塩の倉庫」が佇んでいる。十六世紀から十八世紀にかけて次々と建てられていった六軒の建物で、それぞれ異なった屋根とファサードを持ち、建物の幅も階も違うのに、六軒が一体となって一つの倉庫に見える。

シュテックニッツ運河を通って運ばれてきた塩はひとまずこの倉庫で保管された。リューベックはバルト海より十五キロほどトラヴェ川を遡った内陸の港である。そこから船底の深いコッゲ船に積まれた塩はバルト海に浮かぶゴトランド島を経て、リトアニア、ノヴゴロドなど北方へ取り引きされていった。北欧のすべての国がリューネブルクの塩を求めていた。塩は調味料として必要だったばかりでなく、冬の貴重な蛋白源であるニシンや鱈を塩漬け保存するため大量に必要とされたからである。

トラヴェ河畔の塩の倉庫

空になったコッゲ船が北方から持ち帰ったのは、穀物、木材、毛皮、鉄、タール、銅、蜂蜜、琥珀、そして塩漬け済みのニシンと鱈など。リューネブルクの塩で加工された北欧のニシンと鱈はハンザ商人の大事な商品だった。それはドイツ商品として北イタリアやウィーンなどへ取引されていった。このの塩漬けニシンが、今度はリューベックから「古き塩の道」を逆行し、リューネブルクの「ニシンの倉庫」で保管されたのである。

コッゲ船で失業対策

港でコッゲ船を造っているというので、見に行った。ホルステン土手に続くヴァル・ハルプインゼルの先端で造船が行われている。この船を造っているのは全員が長期失業者たち。国のＡＢＭという失業者救済措置により、船大工や建具屋になりたい人がプロジェクトチームに加わることができる。二年から三年の歳月をかけてコッゲ船の建設に携わり、完成時に彼らは手に職を付けているという仕組みである。行ってみると、一年以上も前から取りかかっているというのに、まだ半分も出来ていなかった。コッゲ船は完成したものをブレーメンで見ていたので、船のイメージは浮かんだ。しかしコッゲ船は全部木材で造るため素人がこの技術を習得するのは難しく、年月のかかるのは当然である。しかしコッゲ船造りで手に職が付くとは何とのんびりした、そして何と夢のある失業対策なのだろう。

ハンザ商人のために毎日祈りを

リューベックはトラヴェ川の中洲に開けた楕円形の町。通常、中洲の町は川そのものが防御壁の役割をしているが、リューベックではトラヴェ川の外側に堅固な堡塁が築かれた。つまり港を中に取り

マルクト広場のあずまや

込んで町を守ったのである。町の入り口は北端のブルク門で、当時はこの門が唯一の陸と海をつなぐ門だったため、特に強固に造られた。

ブルク門の近くに聖霊病院の赤い建物が見える。一二八六年に建てられて以来、老人と病人のためにその役割を果たしてきた。奥行き八十八メートルにも達する大聖霊病院で、前の部分は礼拝堂、そしてその礼拝堂が、ちょっとした教会のように大きくて立派なのである。聖霊病院はハンザ商人たちの寄付によって建てられ、運営されていた。ハンザ商人たちは商売で得た利益の一部をこのように社会福祉のために費やした。身よりのない老人や病気の者はハンザ商人の恩恵を受け、無償でここに住むことができた。しかし、それには一つだけ条件があった。毎日朝と晩にこの礼拝堂でハンザ商人のために祈りを捧げることである。

「商売が繁盛しますように、航海が無事でありますように、彼らが病気になりませんように……」

他の町では聖霊病院のほどんどが宗教団体によって建てられ、運営されていたのに対し、リューベックでは商人たちがそれを担った。一九七〇年代まで一般的な老人ホームだったが、現在は一部が博物館となり、白い窓格子の建物の部分が老人病院になっている。しかし今度は貧しい老人のためではなく、むしろ裕福な老人のためのようだ。月々高い入院費を払い、専用の看護婦が付く。家具の持ち込みも可能だとか。

マルクト広場の市庁舎

リューベックの象徴はやはり市庁舎であろう。ホルステン門と並んで最もリューベックらしい、そしてハンザの威光が現れた建物である。北ドイツ特有の煉瓦を生かして十二世紀に建設が始まり、十四世紀初頭にはほぼ完成したが、現在のようなゴシック様式の建物になったのは十五世紀のこと。

実に個性的である。まず目に付くのが壁に空いた幾つもの丸い穴。これはバルト海から吹きつける強い風を通すための風穴で、アーチ型の窓とともに吹き抜けになっている。そして柱という柱の上に、円錐形のとんがり帽子を乗せ、その先端に小さな旗が付いている。この長く尖った青銅の円錐屋根がなんとも可愛らしく、まるで童話の国のお城みたいだ。

マルクト広場の南端にあずまやのような建物がある。中世ではしばしばマルクト広場で野外裁判が行われ、有罪になるとこの建物の上に立たされた。つまりさらし台である。しかしここにさらされる人は軽い刑であり、ちょっとした泥棒や大喧嘩をした人、不貞とされた女など、せいぜい一日程度ここにさらされるだけで刑は済んだ。

広場に面したL字型アーケードの下では、かつて金細工師たちが仕事をしていた。彼らが材料をごまかしていないかどうか、議員たちが監視するためである。冬の寒さの中も金細工師たちはここで働かねばならなかった。そのため昔はアーケードに木の扉が付いていた。

マンやブラントの写真もある市庁舎内部

市庁舎の玄関である階段ホールには、神聖ローマ皇帝フリードリヒ二世がリューベックに帝国自由都市の特権を与えている場面が描かれている。帝国自由都市になると、町は司教の権力に属さない独立した地位が得られ、独自の法を作ることや貨幣の鋳造権までも認められた。皇帝は都市に自治権を与えて自由に商取引させ、支配下の都市が繁栄していくことで自らも力をつけていった。

市庁舎の中にハンザ会議が開かれた広間は残っていない。会議が開かれたホールは現在いくつもの小部屋に分かれて執務室となっている。残されているのは上級裁判の間と市長の謁見室。マルクト広場の野外裁判で扱えない大きな事件は市庁舎の中で行われた。中世では市長が裁判官も務めたからで

市庁舎にあるリューベックの人口と船の数を表すボート

ニーダーエッガーの店内

ある。謁見室では今日、市長が貴賓客をマルチパン＊と赤葡萄酒のロートシュポン（90頁参照）で接待している。なんとも奇妙な組み合わせだが、両方ともよく知られたリューベック名物だ。

市長に選ばれるのはハンザ商人だった。本職の商売と名誉職の市長を両立させるため、午前中は市長となって午後は商人、あるいはその逆となって働いた。そのため市長は常時二～四人選ばれ、交代で任務を果たしていた。歴代市長のポートレートが長い廊下にずらりと飾ってある。今世紀になってからは肖像画が写真に代わり、リューベック名誉市民であるトーマス・マンとヴィリー・ブラントの写真もその中に加えられた。リューベック生まれのブラントはジャーナリスト出身で社会民主党の政治家となり、ベルリン市長を務めた後、一九六〇年代末にドイツ連邦共和国の首相になった。東西冷戦時代に彼はソ連やポーランド、そして東独と外交関係を結び、東欧諸国との関係改善のために労を惜しまなかった人物である。

廊下の端に衝立のようなものが置かれている。これはリューベックの人口と船の数を表したもので、人口は四角い板の大きさで、船の数は船の大きさで判る。樫の木で作られた観音開きのボードの中には、美しい帆船のレリーフが飾られている。これを見ると一三六八年では、一万六千六百人の人口に対し船の数が千七百七十五艘となっている。なんと、住民の一割以上の数である。こんなに沢山の船が、一体どこに停泊していたのだろう。信じがたい数字だが、その多くは航海に出ていたという。時代は十四世紀、まさにハンザの最盛期であった。

牛の血で煉瓦の色を

この市庁舎は随分大きいものと思っていたのだが、入ってみると意外と小さいことに気づいた。それもそのはず、風穴の開いた壁はすべて装飾であり、その裏に建物はない。つまり壁が一枚あるだけ

＊マルチパンとはリューベック名物のアーモンド菓子で、これを作っているニーダーエッガーの本店が市庁舎のすぐ裏にある。一八〇六年に創業して以来、良質のアーモンドを使用して品質を保ったため顧客を広げた。ホルステン門をデザインしたニーダーエッガーの小箱は今やドイツ中に溢れ、郊外の工場では毎日二十トンも生産されて世界各国に輸出されている

一見かわいらしく、それでいて荘厳華麗な市庁舎

市庁舎玄関ホール

第二次世界大戦で聖マリア教会の塔から焼け落ちた二つの鐘

聖マリア教会

で、四階建てのように見えるが実際は二階建てなのだ。市参事会もこのような勘違いを期待して建てたのだろう。町の力を示すには、市庁舎も大きく見えた方が良かったに違いない。穴空き市庁舎はリューベックが最初で、その後バルト海沿岸の町ではリューベックを真似た風穴開きの市庁舎が次々と建設されていった。

リューベックの市庁舎は、その独特な煉瓦の色もしばしば話題になる。離れて見ると赤紫がかった黒のようだが、近づいてよく見ると黒みがかった緑色でもある。修復部分に普通の赤煉瓦をはめ込んでいるので今はまだら模様になってしまったが、オリジナルの煉瓦は不思議な緑色。これは当時、牛の血に塩を混ぜた液体に煉瓦をつけ込んでこんな色を出したそうだ。リューベックは粘土質の土が豊富だったので、こんなことができたらしい。つけ込んだ煉瓦を一度焼いてはまたつけ込んで焼く。何度か繰り返していくうちにこの色になるという。光沢のある釉薬がかかっているのでなおさら不思議な色となる。この煉瓦の色ばかりは他の町が真似たくてもできなかったようだ。

聖マリア教会

マルクト広場にあるのは市庁舎、そしてもう一つ、どの町でも中心部にあるのが大聖堂である。ところがリューベックでは市庁舎の隣にそびえ立つのは大聖堂ではなく、聖マリア教会。それは商人が建てた、市民のための教会である。十三世紀半ばに建設が始まり、一三五〇年には今日の形に完成した。この時代にこれだけ大きな教会が完成したというのは全くの例外であり、他の町では司教の力をもってさえも成し得なかったことである。

聖マリア教会は、ウルムの大聖堂、ケルンの大聖堂に次いでドイツで三番目に大きな教会。しかしウルムの大聖堂は建設が一三七七年から始まり、完成したのは一八九〇年、ケルンの場合、着工は聖マリア教会とあまり変わらぬが、途中の中断時期を挟んで一八八〇年に完成している。こうした事情を考慮すれば、聖マリア教会はドイツ初の驚異的な大教会である。それは当時のリューベック市民の意識と財力がどれだけ大きかったかを物語っている。そして聖マリア教会は今日でも、煉瓦作りの教会の中で天井の高さは世界一を誇っている。東側に市長のための礼拝堂があり、市参事会員は議会の前にここで祈りを捧げた。

七つの塔の町

ところで大聖堂ドームはどこにあるかというと、「塩の倉庫」からトラヴェ川に沿って南に歩いた旧市街の南端に建っている。よく言われていることは、リューベックでは市民の力が強かったので市民が町の中央部を押さえ、司教の勢力を町の端に追いやったというもの。しかしハインリヒ獅子公がリューベックを建設した当時、中洲の南端はトラヴェ川とヴァーケニッツ川の合流地点で既に集落があり、最も将来性のある場所だった。ハインリヒ獅子公は河畔に広がる町を建設しようと一一七三年、そこにドームの建設を始めたのである。一方、商人たちはまだ何もない寂れた高台に教会建設を企てる。そして大聖堂より半世紀以上も遅れた一二五〇年に聖マリア教会の建設が始まった。二つの教会は競い合うように工事を急ぎ、一三四一年、大聖堂の方が先に完成する。後れをとった聖マリア教会は、それでも塔の高さをドームより約十メートル高くして一三五〇年に完成したのである。

リューベックには他に三つの大教会があり、いずれも十三世紀に建設が開始されている。マルクト広場近くの聖ペトリ教会には漁師たちの守護神聖ペトルスが奉られ、町の東側にある聖エギーディエン教会には職人たちの守護神である聖エギディオスが奉られている。また聖霊病院近くの聖ヤコビ教会には船乗りたちと航海をする者の守護神である聖ヤコビが奉られており、一九五七年に嵐にあって

（上）ロートシュポンと「ズィーベン・トゥルメン」
（右）市庁舎地下レストラン・ラーツケラー

遭難したパミール号の最後の救命ボートが西側聖歌隊席に安置されている。

大聖堂、聖ペトリ教会、聖エギーディエン教会、聖ヤコビ教会、聖マリア教会の五つが今日でもリューベックを代表する大教会である。リューベックは「七つの塔の町」と呼ばれている。それはこの五つの大教会の塔の数を表したもので、聖マリア教会と大聖堂の塔がそれぞれ二つあるので全部で七つなのだ。

「七つの塔」とロートシュポン

リューベックには「ズィーベン・トゥルメン（七つの塔）」という白身魚やエビなどの魚介類を使った名物料理がある。この料理で定評のある市庁舎地下の「ラーツケラー」に入ってみる。魚料理には白ワインなのだろうが、ここで敢えて赤ワインを注文する。しかもフランス原産の。それはロートシュポンという銘柄でリューベック名物になっている。これにはちょっとした言い伝えがある。

その昔、ハンザ時代のこと、リューベックの商人たちはフランスに塩を送り出していた。帰るとき空の船底では軽すぎて船が進まないため、ボルドー産の赤ワインを買って持ってきていた。ロートは赤、シュポンとは木の屑のこと。船旅の間に赤ワインが滲み出てまわりの木屑が赤く染まってしまうので、このワインは「ロートシュポン（赤い木屑）」という名が付いた。こうしてリューベックでは十三世紀頃からフランスの赤ワインが飲まれていた。

そして一八〇六年、ナポレオン戦争の時代にリューベックもフランス軍に占領された。フランス兵たちは家々の地下に貯蔵されているフランスの赤ワインを見つけて大喜び。ところが飲んでみたところ、故郷のワインより遥かにおいしいではないか。この噂はたちまち広まり、フランス原産のリューベックワインとして世に知られるようになった。リューベックのように緯度の高い所でブドウ栽培は

かつて船乗りたちのミーティングが行われた「船員協会の家」

不可能であり、よって自家製ワインは造れない。しかしナポレオン戦争以来、リューベックでは〝自家製〟ワインが誕生した。ボルドー産の赤ワインを輸入し、ここで寝かせてロートシュポンの銘柄で販売する。なぜ地元フランスより味がよいかというと、リューベックの気候と貯蔵法が赤ワインに合っているからだそうだ。最近はボルドーだけではなく、他の栽培地域の赤ワインも輸入している。

　注文した「ズィーベン・トゥルメン」は、カブやニンジンなどの野菜を細かく刻んで煮たものの上に鮭のソテーが一切れ乗って出てきた。ボーイさんに聞いてみると、食材も調理法も毎年変わるという。材料はリューベック近海で採れた魚介類に限り、エビや貝が使われることもあるが、常に鱈や鮭が中心。リューベックでは年に一回「ズィーベン・トゥルメン」のコンテストがあり、入賞したレストランだけがこの料理を作ることが許されているという。ワーツケラーはもちろん毎年入賞している。「ズィーベン・トゥルメン」は軽い味で美味しかった。そして伝説にすぎないと思っていたロートシュポンも確かに美味しかった。私はフランスで飲んだことがないので比較はできないが、多くのドイツ人がフランスで飲むより確実に美味いと言っているから、きっと本当なのだろう。

船員協会の家

リューベックには、十三世紀から十六世紀にかけて建てられた美しい煉瓦の家並みがある。北ドイツの煉瓦建築を全部合わせても、まだリューベックの方が多いと言われているほど壮観な家並みが見られる。ブライテ通りとエンゲルスグルーベの角に建つ「船員協会の家」は一五三五年に船乗りたちのギルドハウスとして建てられた煉瓦の館。入り口にある門柱のような石はゴトランド島から運ばれたもので、北ドイツでは石がなかったためかなり自慢だったようだ。現在一階は船員協会が業者に貸して「シッファーゲゼルシャフト（船員協会）」という評判のレストランになっている。薄暗い天井からは帆船の模型がいくつも吊り下がり、テーブルには一枚の大きな舟板が使われている。その周りの固いベンチに大勢で腰掛ける。同じリューベックの名レストラン「シャッベルハウス」と比べて決して優雅ではないが、わくわくするような楽しさがある。

ハンザの時代、船乗りたちは出航の前にここに集合し、航海の打ち合わせをした。彼らは毎回座る場所が変わった。航路によってテーブルが異なったからである。木製ベンチの両端に彫り込まれたワッペンや船首は船と同じもの。船乗りたちは自分の乗る船のベンチに座り、ミーティングに参加した。天井から吊り下げられた船は、船員たちがお土産で持ち帰ったもの、あるいは船大工が航海中に作った自分の船のミニチュア版など色々ある。一番古いのは四百年前のものだそうだ。

上階は船員協会の事務所で、週に一回キャプテンたちがここで会合を開いている。ミーティングというよりはサロン的な集いで、親睦を深めるだけらしい。船員協会の館は奥行きがあり、後方部分は協会が船員の未亡人たちのために建てた住居。レストランの家賃収入は組合員の未亡人にあてがわれるなど、協会は今でもこのような社会救済をおこなっている。

ハンザ商人の住居地区

ハンザ商人たちは、港のあるトラヴェ川の西斜面に居を構えた。ブライテ通りから西側の港に下がる道はシュトラーセではなくグルーベ（窪み）と呼ばれている。ベッカーグルーベ、フィッシャーグルーベ、エンゲルスグルーベと大きな坂道が港に続いている。ベッカーはパン屋、フィッシャーは漁夫という意味なので、このあたりにパン屋や漁師が住んでいたのだろう。イギリスを意味するエングランドが訛ったエンゲルスグルーベは、イギリス向けハンザの荷が運ばれた道である。坂の突き当たりにはイギリス行き商船が横付けされていた。これらのグルーベは港に直結しているため、かつては各通りの両側にハンザ商人の館がぎっしり並んでいた。その多くが第二次世界大戦で失われていったが、今日でも所々に煉瓦造りの大きな館が残っている。

ハンザ商人の館は最初の頃、画一的に次々と建設されていった。その間口は約九メートル、奥行き約三十六メートルもあり、三階建、地下室と屋根裏部屋付きの大きな住宅である。何百年も前の古い館には、外壁の所々に鉄で型取られた模様のような飾りが打ち付けられている。これはアンカーと呼ばれる鎹《かすがい》で、古い建物の補強に使われる長い鉄の釘である。ハンザの全盛期が過ぎると、商人たちも家を建て替える余裕がなくなり、古い家をそのまま補強して住まざるを得なかった。最初は二本の鉄棒が交差しただけの単純な形が多かったが、そのうち今日残っているような装飾的なものとなる。百合の形のアンカーが多いが、中には錨の形をした文字通りのアンカーもある。

アンナ修道院に再現されたハンザ商館

ストラン「シャッベルハウス」。ハンザ商館時代を偲ぶロープが印象的

ハンザ商人の館

❶ 玄関（道路から馬車で入れるように丈が高い）
❷ コントール（帳場）
❸ ハウスバウム（大黒柱）
❹ ギャラリー（中二階のバルコニー）
❺ ギャラリーへ通じる階段
❻ 荷を上げ下げするロープ
❼ 屋根裏部屋は倉庫
❽ アンカー（鎹）

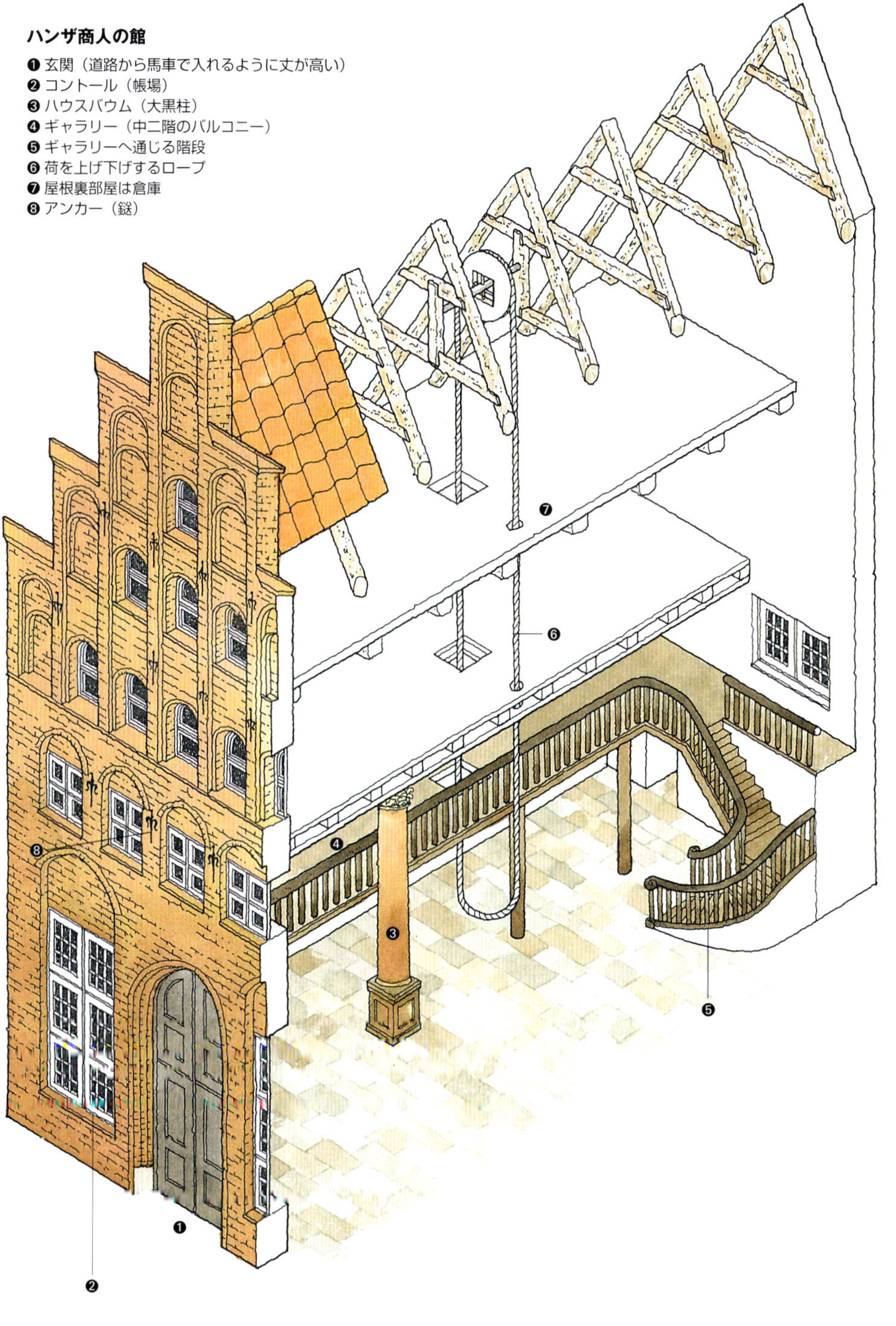

意外と質素だったハンザ商人たち

ハンザ商人館の見取り図

❶ 母屋（事務所・倉庫）
❷ 商人の住居
❸ 通路（母屋の一階をくり抜いてある）
❹ 5軒長屋
❺ 公道

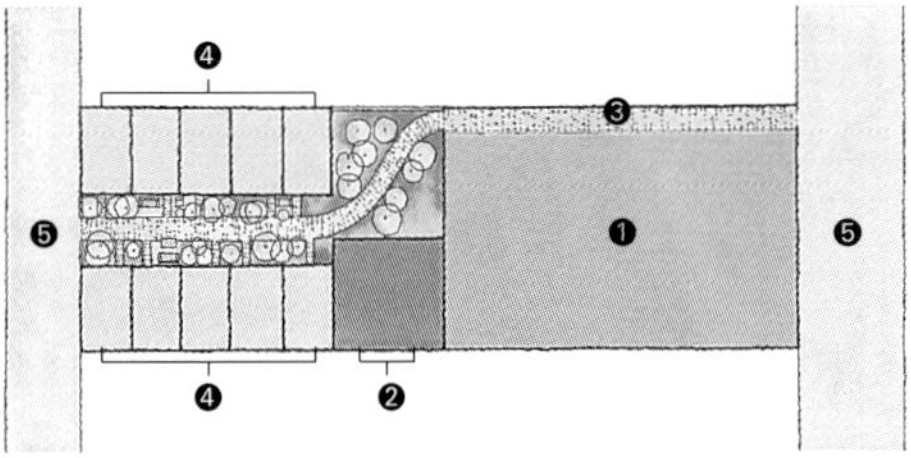

以前、ハンザ商人の館を改築したレストラン「シャッベルハウス」に入ったとき、一階の立派な広間が居間だと思ってしまった。高い天井の吹き抜け広間には装飾の施された木製のバルコニーが巡り、その手摺りはそのまま黒光りする階段となって広間に降りてくる。天井から吊り下がる太いロープがいかにもハンザ商館らしい。ハンザ商人はこんな優雅な暮らしをしていたのかと思った。

ところが彼らは意外なほど慎ましやかな生活を送っていたのである。広間は居間ではなく、土間であり仕事場だった。荷車が土間まで入り、そこは常に人と荷物でごった返していた。通りから見える立派な前の部分は、すべて商いのために使われ、商人たちは裏の小さな住居で生活していた。きちんと保存されたハンザ商人の館では、裏に廻って見るとそのことが判る。大きな母屋の後ろに簡素な建物が続き、こんなところで寝起きしていたのか、と驚く。ハンザの時代が終わり、十八世紀になると商いの方法にも変化が出て商人たちは母屋に住むようになった。土間は改築されて居間になり、贅沢な空間が出来上がる。

母屋の裏には彼らの住居の他に、中庭を囲んで小さな長屋が建っている。この長屋は当時、船乗りや職人たちのアパートだった。ハンザ商人たちは自宅の中庭に賃貸長屋を建てていた。三十六メートルもある奥行きは、ハンザ商人たちの贅沢な住居空間ではなく、市民に提供した空間でガングと呼ばれていた。ガングとは通路のことで、母屋をくぐって行ったので裏長屋の総称になった。ハンザの時代が終わってもガングはアパートとして残る。今やガングは文化財として市内の約八十カ所に保存され、勝手に壊してはならないことになっている。

ハンザ商人の社会福祉事業

ガングに対し、ホーフという長屋がある。ホーフとはそれ自体に中庭や構内という意味があるが、リューベックではハンザ商人が建てた救済事業の長屋のことである。ホーフは最初から福祉施設として建てられたため、ガングより規模が大きい。中庭も広く、出入り口には門があってゆったりしている。行き止まりなので通り抜けは出来ないが、見学は自由。現在も十七ほどあるこれらのホーフは、ハンザ商人たちが商人と船乗りの未亡人のために建てたもの。ハンザ商人たちには、こうした貧民救済活動の義務があった。ハンザ商人が尊敬されたのは、自宅の中庭を提供してガングを造り、聖霊病院やホーフを建てるなど、商売で得た利益の一部を市民に還元していたからである。

ガングGangとホーフHof。リューベックではそれぞれを複数形で表して「ゲンゲGänge」と「ヘーヘHöhe」と呼んでいる。この「ゲンゲとヘーヘ」巡りは、今やリューベックの隠れた、しかしながら最も魅力的な観光スポットである。

嫁に行けなかったら修道院入り

ハンザ商人たちが行ったもう一つの慈善事業は、修道院の建設だった。豊かな市民の間では、結婚適齢期を過ぎても未婚でいる女性を修道院に入れる考えがあった。リューベックの市民はしばしば遺言状の中で、娘が嫁にいけなかった場合は修道院に入るようにと書いている。ハンザ商人たちはこうした修道院に対し、建設費や運営費の多くを負担した。そして自分の娘が結婚できなかった場合は修道院入りに際し、多額の寄進を行った。リューベックの修道院へは、メクレンブルク地方も含めた北

ガングは道が狭く、通り抜け可能。

母屋の一部分をくり抜いて通路が造られたのが判る。

ホーフは道幅が広く、行き止まり。中庭付きのところもある。

【リューベックの隠れた名所、ガングとホーフ】

長屋の中庭が、今日リューベックの隠れた観光名所になっている。母屋の一階隅に中庭へ通じる道が開けられたため、こうした住居施設はガング（通路）と呼ばれた。住居の一角に開けられた狭い通路をくぐっていくと、突然長屋の中庭が現れる。小さな空間を、一年中美しい草花が埋めている。四季折々の草花で覆われる中庭を、ぐるりと取り囲むように長屋が建っている。長屋の住民たちは窓辺を美しく飾り立てている。ここを通る人たちに見せているのであろう。13世紀から18世紀に至るまで、商人の住居地区にはほぼ同じ規模の都市住宅が連続して建てられた。ブライテ通りの西側に広がる商人居住地区にはこのような奥まった長屋が次々と建設された。母屋の下をくぐって出入りせねばならなかったため、通路は出来るだけ小さく開けられた。母屋の面積が取られないようにである。ガングは袋小路だったため、どんなに狭くても棺が通れる広さは確保された。

今日でも小さなものを含めるとリューベック市内には80カ所もガングがあるという。エンゲルスグルーベと交差するエンゲルスヴィッシュ路地にはそのうちの二つが残されている。その一つ、ヘルグリューナーガングはかがまねば通れない、まるで洞穴のような通路だが、中庭へ到達すると急にほっとするような空間が広がる。今日ガングは個人所有の住宅となり、このロマンティックな中世の建物には入居希望者が多くてなかなか入れない。行き止まりだったガングのほとんどが通過可能になり、その道は公共のものとなった。そのため市民が通り抜けするのはもちろんのこと、観光客もぞろぞろ見学にやってくる。

商館の中庭に建てられたガングが圧倒的に町の西側にあるのに対し、ホーフは町の東側に多い。ホーフは現在も社会福祉施設として使われている。ケーニヒ通りから東に延びるグロッケンギーサー通り、ドクター・ユリウス・レーバー通りに大きなホーフがあり、シュルマハー通りにも可愛らしいホーフがある。グロッケンギーサー通りのフュヒティングスホーフだけが今でも財団の管理下にあり、船乗り未亡人などの女性だけが住んでいる。リューベックの商人ヨハン・フュヒティングは、遺言状で財産の三分の一をホーフの運営に当てるように申し渡した。これに基づいて1636年にフュヒティング基金が設立され、現在もフュヒティングスホーフの運営資金となっている。それ以外はリューベック市が管理し、男女を問わず老人や身体障害者、低所得者などに住居を提供している。

ドイツ一帯の貴族や豪商の子女たちが入会を希望し、町は彼女たちを受け入れた。

そうした尼僧院で最後まで残ったのが、町の南端にある赤煉瓦の聖アンナ修道院である。入り口付近は後期ゴシック様式の立派なファサードで、良家の子女が入会するにふさわしい造りだ。今世紀になってこの尼僧院は修道院博物館となった。北ドイツのみならず、ドイツで作られた中世からの貴重な祭壇の数々、その他にマリア像などの木彫刻、宗教絵画、家具、陶磁器などが見られる。

十八世紀末の商人の館を再現した部屋があった。この時代になると、商人たちは直接品物を扱うよりも書類による取引が多くなり、土間や倉庫は必要なくなる。そこで土間を改装し、天井を低くして調度品もあつらえ、応接間や居間として使うようになった。ハンザ商館独特の、天井から下がる太いロープは姿を消し、梁を支える単純だった大柱には装飾が施される。回廊のギャラリーと階段は贅沢なインテリアとなった。

大聖堂をあとに

聖アンナ修道院まで来ると、大聖堂はすぐそこだ。十四世紀に完成した大聖堂であるが、拡張工事は一七四九年まで続いた。最終的に長さ百三十メートルという大教会になり、航空写真で見るとその大きさがよく判る。市内観光に大聖堂は欠かせないのだが、こんな所まで観光客はやって来ない。

橋を渡ってトラヴェ川の対岸から眺めると、川面に影を落とす大聖堂の姿は心持ち寂しげに映る。リューベックの商人たちは一回の航海でその船の価値に相当する利益を得たとも言われている。それは多少大げさとしても、ハンザ研究家たちの間では難破や海賊襲撃などの被害を含めても、利益は最低でも三十パーセントはあったとされている。この富は個人の邸宅や教会、市庁舎、あるいは修道院、病院、福祉施設など、公共の建物につぎ込まれていった。

十四世紀に最盛期を迎えたハンザも、十五世紀になると同盟の結束が崩れ始める。様々な変化が時代とともに現れたからである。地中海で塩田が造られ、安価な天日乾燥塩がヨーロッパ中に出回ると、リューネブルクの岩塩は急に売れ行きが鈍る。

一六六九年、ハンザ会議がリューベックで開かれた。これに参加したのは僅か数都市だった。その数は四都市とも六都市とも言われているが、リューベックの公文書館で調べてもらったところ、正確にはリューベック、ハンブルク、ブレーメン、ケルン、ロストック、ブラウンシュヴァイク、ヒルデスハイム、オスナブリュッケ、そしてダンツィヒの九都市である。これ以降は一度も会議は開かれず、事実上ハンザの終焉を意味する最後の会議となった。

ハンザ時代の港アルターハフェン

Wismar

ヴィスマール

コッゲ船が最初に寄港した街

コッゲ船の航海距離

リューベックを出航したハンザのコッゲ船は、大量の塩を積んでスカンディナビア方面に向かった。ノルウェーは鱈の、スウェーデンはニシンの産地だったため、そこで大量の塩が必要とされたからである。コッゲ船は船倉の小さなスカンディナビアのガレー船よりも、荷物運搬という点では遙かに優れていた。しかし荷をたくさん積めるように船底が平らに造られていたため浅瀬を進まねばならず、バルト海沿岸に沿ってゆっくり進んだ。

今日地図を見ると、バルト海沿岸に一直線に並んだリューベック、ヴィスマール、ロストックの間はほぼ六十キロに等間隔であり、ロストックからシュトラールズントまでもおよそ八十キロである。これは初期のコッゲ船が一日に航海できる距離と同じである。一本マストでは進みが遅く、せいぜい一日六十キロから八十キロまで、それ以上の航海は不可能だった。

船の技術が進歩して長い航海が可能になると、ハンザ商人たちはバルト海のゴトラント島にハンザ都市ヴィスビーを建設し、商館を置いた。この商館はコントールと呼ばれ、ドイツ・ハンザはリューベックを拠点として、ゴトラントのヴィスビー、ロシアのノヴゴロド、ノルウェーのベルゲン、西ヨーロッパではロンドンとブリュージュの五カ所にコントールを設けた。ゴトラントはバルト海に浮かぶ島で、遠くノヴゴロドまで行くための重要な中継地だった。古都ヴィスビーにはハンザ時代に造られた市壁が残っている。ドイツ騎士団によってラトビアとエストニアが建設されると、この二国がゴトラント島に取って代わる。ハンザ商船はラトビアのリガ、エストニアのタリンへ寄港しながらノヴゴロドへ向かった。

グルーベ

安全な入り江はハンザの倉庫

ヴィスマールはリューベックから海岸沿いに約六十キロの旧ハンザ都市。町の名が古文書に登場するのは一二二九年のこと。そして一二五九年、バルト海における商業路の安全性を確保するため、ヴィスマールはロストックと共にリューベックと協定を結んでいる。以来、ハンザの歴史が始まった。

ヴィスマールはバルト海の入り江に面した港町。ヴィスマール湾が深く内陸へ入り込み、バルト海との間を塞ぐようにペール島が横たわっている。古代都市が海に面して建設されたのに対し、バルト海沿岸のハンザ主要都市では海に直接港を建設せず、入り江や河川に港を造った。既に見てきたように、ハンブルク、ブレーメン、リューベックも内陸に港がある。ハンザの船は盗賊や海賊に襲撃されることなく、港で次の船出の時を待った。船は荷を積んだまま停泊することができた。安全な港はハンザ商品の倉庫を兼ねたのである。

戦災を受けた三つの教会

駅を降りて通りを渡ると、もう旧市街が始まる。旧市街の北を流れる小さな川は、十三世紀半ばに造られた水路でグルーベと呼ばれている。ハンザ商品などの荷物を運搬するために造られたもので、港から旧市街の中を通って郊外の池へ続いている。中世では水車を回したり貯水池の役目も果たし、人々の生活水としても使われていた。人工の水路としてはドイツでかなり古いものである。

グルーベの近くに聳える大きな煉瓦の建物は聖ニコライ教会。十三世紀に建てられた船乗りと航海者たちの守護神が奉られた教会で、十四世紀になって現在の姿に建て替えられた。三十七メートルと

Wismar

マルクト広場のヴァッサー・クンスト

旧市街の北端を流れるグルーベ

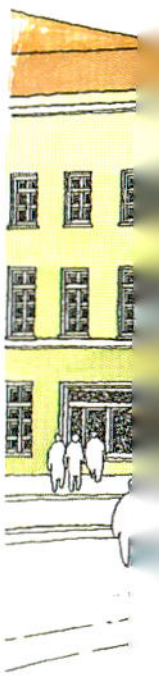

いう天井の高さは、ドイツで四番目を誇っている。オリジナルには塔の上にスマートな時計台が乗っていたが、十八世紀に激風が吹いて飛ばされてしまった。そのときこの部分だけバロック様式で建て直され、第二次世界大戦で破壊された部分はオリジナル通りに修復されている。

町の中心部に建てられたマリア教会は、高さ八十メートルの塔だけを残して一九六〇年に取り壊された。第二次世界大戦による痛みが激しく、東独時代のヴィスマールでは、修復の費用がどうにもならなかったのであろう。十三世紀前半に建設された市参事会員と商人のための教会で、北ドイツ有数の美しい煉瓦造りの教会だった。毎日十二時と十五時、そして十九時に塔から鐘の演奏が聴かれる。

マリア教会の近くに建つ聖ゲオルゲ教会は現在、修復作業が進んでいる。十三世紀前半に建てられた美しい煉瓦造りの教会で、手工業者たちの教会だった。大戦で破壊されたまま、東独時代は全く手を付けずに長い間放っておいた。それが今、すっかり足場で覆われ、内側も足場が架かって入ることができない。ドイツ統一直後に修復工事が始まったのにまだまだの状態である。

スウェーデンの支配を受けた町

マルクト広場の北側に建つ白壁の館はヴィスマール市庁舎。地下に古い町の様子を紹介した歴史博物館がある。幅約十五メートル、奥行き約五十メートルという地下室は、当時非常に大きなものだった。中世ではここで布が取り引きされていた。布はハンザ商品の中でも特に高価で貴重だった。多くの市庁舎がゲヴァントハウス（布館）として使われていたのをみても、当時の布の価値が測り知れる。ハンザ衰退の後、地下室はワインケラーとなり、市参事会員たちが頻繁に利用した。

マルクト広場に立つあずまやのような建物は、十九世紀末まで町の飲料水を提供していた井戸。一六〇二年に造られた井戸で、十九世紀半ばに現在の姿になった。ヴァッサー・クンスト（水の芸術）

ヴィスマールの紋章

と呼ばれているのは、この小さな建物の美しさのためである。
ヴィスマールは一六四八年から一八〇三年までスウェーデンの支配下にあった。一六一八年から一六四八年にかけてドイツを舞台に吹き荒れた三十年戦争はヴィスマールに大きな変化をもたらした。一六三〇年、スウェーデン王グスタフ・アドルフがヴィスマールに上陸。その二年後に町は支配され、一六四八年のヴェストファーレン条約でヴィスマールは正式にスウェーデン王国の領地となった。マルクト広場のレストラン「アルター・シュヴェーデ」は十四世紀に建てられたハンザ商人の館だが、十九世紀にレストランとなったときスウェーデンに因んだ名前が付けられた。アルター・シュヴェーデとは「古きスウェーデン人」のことだが、「よう、大将！」という意味もあるとか。

ハンザ同盟の契約書

ハンザ同盟の文書が市の公文書館に保管されているというので、予め館長に手紙を書いて入館許可をもらっておいた。ハンザ都市について書かれた本やパンフレットには、古びた都市同盟契約書の写真が添えられ、それには町の紋章を型どったズィーゲルと呼ばれる蝋のワッペンがぶらさがっている。ハンザ同盟の目的は、取引の安全確保、外国における貿易拠点の安全確保、そして外国における貿易の独占などだった。しかしバルト海沿岸諸国における初期のハンザでは、最初からドイツ商人の優位が目立ち、外国でのドイツ人支配が進んでいた。このため独占と保護政策はバルト海ではあまり問題にならず、専ら輸送路の安全確保に焦点が当てられた。

公文書館は市庁舎に近い、町の北側にあった。約束の時間に訪ねて行くと、館長のゲアト・ギーゼ氏が出迎えてくれた。公文書館は社会主義時代に建てられた素っ気ない建物だが、温度と湿度はしっかり管理されていて、空調機の音がびんびん鳴り響いていた。倉庫のような保管室には、スチール製の棚と引き出しがぎっしり並び、そこにはヴィスマールの古文書がほとんど保管されている。

ハンザ同盟とは？

ハンザ同盟に関して基本的なことが理解できないため、ここでギーゼ氏に質問してみた。

「ハンザ同盟というのは、これに加盟した都市が百とも二百とも言われていますが、何故こんなに数が異なるのでしょうか。同盟に加盟するにあたって統治機関のようなものはなかったのですか？」

「まず名称ですが、外国ではハンザ同盟 Der Hanse Bund と呼ばれていますが、ドイツではドイツ・ハンザ Die Deutsche Hanse、あるいは単にハンザ Die Hanse（Hansa）と呼んでいます。しかし全体で非常に大きな勢力を持っていたので、ハンザ同盟という訳で正しいと思います。そしてこれには常設統治機関がありませんでした。ハンザ会議がハンザの全てだったのです。不思議なことに一度も公式名簿が制作されたことがなかったので、加盟都市の正式な数は判っていません。各都市で色々な数字が出されています。常に加盟と脱退があったのでなおさら判りにくいのですが、ヴィスマールの公文書には最高時に百七十都市が加盟していたと記録されています」

百七十の都市がハンザに加盟し、一堂に会したのだろうか。そして百七十もの都市間で協定が結ばれたのだろうか。

「ハンザ総会に参加したのは常に七十都市ほどです。総会に代表を送るには費用がかかりましたから、小都市はその負担を避けるために議決権を大都市に委任しました」

「加盟都市すべてが互いに同盟都市の任務を負っていたのですか？」

「それぞれの都市が個別に都市協定を結んでいましたから、それ以外の都市との間には何も義務はありませんでした。バルト海交易における通商の安全と自由という点で、ハンザ都市が同じ目的を持っていたため、総会が開かれたのです。この総会は一三五八年にリューベックで最初に開かれ、それ以降は不定期ではありますが大体リューベックで開かれるようになりました」

「統治機関がなかったのなら、一体誰が総会を開いたのですか？」

「リューベックの市参事会員たちです。議長は市長でした。ハンザ都市ではハンザ商人たちが市参事会員を兼ねてましたので、直接彼らの利益に関わってくることだったのです」

確かにリューネブルクでは塩商人たちが市参事会員で、リューベックでは市参事会員も市長もハンザ商人だった。しかし利害関係のあるグループで個別に会議を開くだけでよかったのではないか。

「協定を結んだ都市だけでの話し合いもありましたが、それ

クレーマー通りと聖ニコライ教会の塔

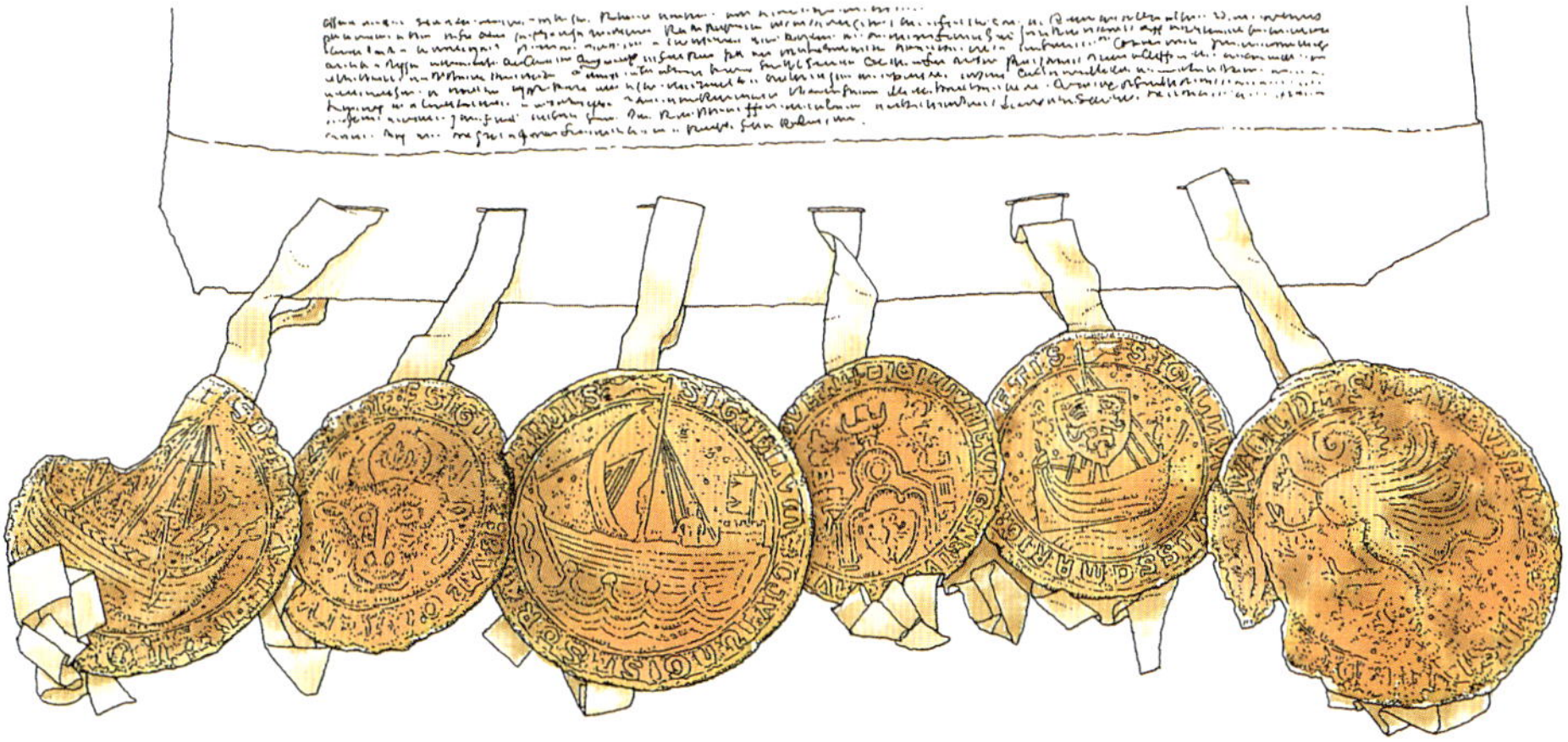

蝋の紋章が付けられた1417年の都市協定書

をハンザ会議とは呼びません。しかしハンザ会議が常に大規模だったわけではありません。あることを決めるにあたって、それに関係する都市だけが会議に招集されることもありました。例えば航路にある無人島に灯台を立てるとしましょう。すると、そこを通る船を持つ都市だけが会議に参加し、建設費用の割り当てを話し合います。これは都市協定とは関係ありません。しかしバルト海交易に必要な事柄です」

「すると、海賊対策なども話し合われたわけですね」

「その通りです。海賊対策も深刻でしたが、国を相手の戦争ともなるとハンザ総会を開かざるをえません。ハンザ都市全体でひとつの軍を構成するわけですから、どの町では兵や船をどれだけ出せるなどを総会で決めたのです。ハンザ都市がデンマークを相手に戦った戦争が最も大きなものでした」

全体をコントロールする統治機関がなかったことで、ドイツの専門書にも様々な記述の相違がある。ハンザはなかなか判りにくい。

「統治機関も固定した制度も持っていないことがハンザの特色です。大変自由な、悪く言えばいい加減な同盟でした。それだからこそ四世紀の長きに渡って続いた同盟だといえるでしょう」

ヴィスマールの六都市協定書

一二六〇年、ヴィスマールはロストックと共に商業船の安全航行に関してリューベックと協定を結ぶ。これがハンザへの初めての参加である。この協定はその後更新され、他の町が加わって協定都市が増える度に新たな協定文書が作られた。私が見たかった古文書はハンザ諸都市のパンフレットなどでよく目にしていた協定書で、下に六つのズィーゲルが吊り下がっているもの。引き出しから出してきたのは色あせた一枚の羊皮紙で、一四一七年に作成されたものだった。

「この六つの紋章はどこの町のですか？」と尋ねると、

「リューネブルク、リューベック、ヴィスマール、ロストック、グライフスヴァルトそしてシュトラールズントです」と教えてくれた。今日の市紋とは異なっているので全く判らない。

「この一枚の協定書に何が書いてあるのですか？」

「各諸都市間を航行する船の安全を保証し、外敵に対して協力して立ち向かうこと、またトラブルや戦争が起きた場合はそれぞれの町が軍隊を出して共に戦うこと、などです」

「まるで今日のＮＡＴＯのようですね。きちんとした国家が成立する以前のヨーロッパで、既にそんな考えがあったなんて」

「それを言うならむしろ通貨ですよ。ハンザ諸都市の間では、同盟都市との間で共通の通貨を鋳造していました。これこそＥＵの通貨統合の先取りです」

いかにも、ハンザの歴史は中世ヨーロッパの経済史である。そしてまた、国家のあり方として未来の理想図なのではないか。国家という枠にとらわれず、地域ごとに各国の都市がまとまって一つの共同体を形成すれば、民族戦争や偏向した国家主義が取り除かれるのではないだろうか。

中世のメモ板シッファーターフェル

ハンザ商人のメモ用紙

「シッファーターフェルという珍しい物をお見せしましょう」と、ギーゼ氏が引き出しを開けて黒い

シュテルテベッカーの裁判記録書

板を取り出した。Ｂ５サイズほどの木製板に黒いものが厚く塗られていた。その板は二枚、あるいは三枚ほど重ねてとじられている。

「これはハンザ商人たちのノートです。紙は普及しておらず、非常に高価なものでしたから、商人たちはこれを持って航海しました。ちょとした計算をしたり、すぐ書き留めておくことなど、全てこの板を使っていたのです。つまりメモ用紙ですね。航海が終わって家に帰ると、書き留めておいたものを帳簿に写しかえました。商人だけでなく、市の会計係も計算するときに使っていました」

シッファーターフェル（船乗りの板）の黒い部分は蝋だった。本当はヴァックスターフェル（蝋の板）というらしい。引っ掻き傷をつけて書き留めた。一回の航海が終わると蝋を溶かして傷をなくし、また使った。こうして何度も使われた黒板である。ハンザ商人たちの様子が判る貴重なもので、今では滅多に見られないという。ヴィスマールはこのターフェルを十二個も保管しており、それは市の誇りとなっている。

裁判で市民に勝利した海賊？

「面白いものをお見せしましょう！」と、今度は文書棚の方へ案内された。それは手書きの分厚い本のようなもので、裁判の記録書だった。

「ここに書いてあるでしょ。シュテルテベッカーが町で喧嘩したんですよ。そして彼に怪我を負わせた二人の市民がヴィスマールから追放されてます。市民が追放されるなんて面白いでしょ？」

「誰ですか、そのシュテルテベッカーという人は？」

「名高い海賊です。十四世紀末にバルト海を荒らし回り、ハンザの船を襲って略奪を繰り返していました。そこでバルト海のハンザ同盟諸国が兵を出し合って戦い、彼をバルト海から追い出したので

Wismar

マルクト広場のレストラン「アルター・シュヴェーデ」（中央）

ハンザ商館だったので一階は吹き抜け

お勧めは「船長さんの深皿」

す」

「面白そうですね。そんな海賊がいたなんて。でも、なぜヴィスマール市は海賊に見方したのですか。町の有力者と結びついていたのでしょうか」

「いえ、そんなことはありません。多分、彼はその当時まだ海賊ではなかったと思われます。一四〇一年にハンブルクで処刑されてますが、そのときの推定年齢が四十～四十五歳だったと言われています。裁判は一三八〇年の記録ですから、その頃シュテルテベッカーは二十歳少々ですよね。喧嘩は怪我をさせた方が明らかに悪かったのでしょう」

「その人は何故海賊になったのですか」

「ハンザ都市がデンマークを相手に戦った時、多くの市民兵が戦争に行きました。彼もその戦争に参加し、船で戦うことの面白さを覚えたのではないか、と言われています。戦争が終わると兵士たちはみな解雇されたので、シュテルテベッカーは海賊になった、と推測されています」

クラウス・シュテルテベッカー。出生地も出生年も定かではないが、ヴィスマールの生まれではないか、と言われている。少なくとも一三八〇年頃にこの町か、町周辺に住んでいたらしい。裁判記録にはシュテルテベッカー、そしてヴィスマール人と記されているので、彼がヴィスマール市民でなか

コッゲ船が停泊していた港も今ではヨットが行き交う

突然古い館の戸が開いて…

市庁舎裏手のレストラン「ヴァインベルク」もかつてのハンザ商館

ったことは明らかである。中世の市民とは、市民権を持った人のことであり、ただ住んでいるだけでは市民（ビュルガー）とはみなされず、住民（ベヴォーナー）と呼ばれていた。ちなみにリューネブルクの製塩労働者たちもみなベヴォーナーである。裁判の記録は次のように記されている。

『ニクラウス・シュテルテベッカーは一三八〇年、殴られて骨を二本折る怪我をした。二人のヴィスマール人が追放となった』

ほんの二行半ほどの短い裁判記録である。ニクラウスはクラウスの誤りと思われる。クラウス・シュテルテベッカーは伝説的な存在だが、彼に関する数少ない記録の一つが、このヴィスマールの公文書館に保存されている。

この他に、公文書館では中世の貴重な資料として一万七千冊の本を保存している。古文書の数を尋ねると、「二キロメートル」という答えが返ってきた。文書をつなげた長さであるが、中世からそういう表し方をしているそうである。

町に残る唯一のビール醸造所

港の近くに「ローベルク Brauhaus am Lohberg zu Wismar」というレストランがある。建物は煉瓦造りなのだが、バルト海沿岸地方では珍しくファサードに木組を出している。ここはヴィスマールで唯一のビール醸造所。一四五二年に醸造所として建てられ、一時期は港の倉庫として使われていたが、一九九五年に地ビール・レストランとしてオープンした。ヴィスマールで一九二九年代に最後の醸造所が閉じられて以来のことである。

ハンザ時代、町にはビール醸造所が百八十二軒あった。そこで造られるビールのほとんどが輸出されていた。西はフランドル地方から東はロシアのノヴゴロドまで、ヴィスマール産のビールは運ばれ

ローベルク

て行った。ビールはヴィスマールの主要ハンザ商品だった。ビール醸造者の多くがハンザ商人であり、自家製ビールを商いしていた。十四〜十五世紀頃のヴィスマールがビール醸造の最盛期で、同時にこれがヴィスマールの最盛期でもあった。他の手工業も盛んになった。ビール樽作りや荷車の車輪作りである。ビール醸造の最盛期にビールで富を得た者は、煉瓦の立派な館を建てた。町が建設ラッシュに溢れ、最も活気づいた時期だった。

ビール醸造は市参事会の管理下にあった。市参事会員たちは直にビールの品質や数量をチェックした。市参事会員たちも醸造に関わっていた。百八十二あった醸造所のうち、十二軒が市参事会員組合のものだった。現在博物館となっている旧市街のシャッベルハウスは、市長を務めたハインリッヒ・シャッベルのビール醸造所と住居を兼ねた建物である。このように、ハンザ都市の市長や市参事会員たちは、ほとんどハンザ商人の中から選ばれた。彼らはまた、リューネブルクの製塩業者やヴィスマールのビール醸造業者のように、ハンザ商品の生産者でもあった。

「ローベルク」ではハンザ時代と同じビールを造っている。〝ムメ〟と呼ばれるビールで、未発酵麦芽という意味だが、ここでは単なる名前。ハンザ時代にアルコール度の強いビールを輸出しており、それがムメと呼ばれていた。しかし今日造られているムメはアルコール度数四・五パーセントという通常の強さ。他にヴィスマーラー・ピルスナーという普通のビールもある。港に近いこともあって、キャプテンたちがよく集まっている。アルターハーフェン（古い港）と呼ばれるハンザ時代からの船着き場が港に残っている。細くてカーブしているのがハンザ時代からのものだ。港の風景は統一以前とあまり変化がないように思う。

ハンザは十三、十四世紀をピークに徐々に衰退し、十五世紀以降は参加都市が激減した。しかしこの町は一五八一年になっても「ハンザから一年でも抜けるなら、町の繁栄はないであろう」と明言していた。ヴィスマールはハンザ同盟に対し、もっとも誠実な都市であったと言われている。

Rostock

ロストック

ハンザの船を造った港町

港に並ぶ東独時代からの倉庫

聖十字修道院の中庭

見事に蘇ったハンザの町

ロストックはハンブルクに次ぐドイツ第二の港町。造船業が盛んだったこともあり、第二次世界大戦では徹底的に空爆を受けた。戦後は東ドイツ最大の港湾都市として栄える。初めてロストックの名が古文書に記されたのは一一六一年のこと。ヴィスマールから六十キロという距離がコッゲ船で移動するのに最適だったため、一二〇〇年頃にドイツ商人たちが定住し始めた。古い市場も設立され、一二一八年には都市権を得ている。

統一直後にやって来た時は、まだ社会主義時代の面影を色濃く残した町だった。殺風景な箱形の建物ばかりが目立ち、その中で戦前の姿に修復された僅かな建物だけが光っていた。今では数少ない社会主義時代の建物だけが目立つ。町の中心となるクレペリーナー通りは東独時代に修復されて、十年前も町で一番美しい通りだった。しかし、あの時見たクレペリーナー通りとは全く別の町並みである。北ドイツ独特の煉瓦の館が何軒か並んでいると思えば、北欧風の淡い色彩の館がファサードの色を違えて何軒か建ち並んでいる。重たい煉瓦の館と軽やかなパステルカラーの館がごちゃ混ぜに並んでいるが、違和感もなく、すっかり美しい通りに姿を変えていた。

クレペリーナー通りを大学の方に歩いてみる。ロストック大学は一四一九年に創立という、非常に歴史の古い大学である。ドイツでは、一三八六年創立のハイデルベルク大学が最も古いが、ロストック大学は北ヨーロッパで最初に創立された。このためバルト海沿岸の裕福なハンザ商人たちは、みな息子をロストック大学に送った。大学校舎は大戦で被害に遭ったが、元通りに修復されている。通りを挟んで大学の向かい側に大きな広場があり、それはシュテルテベッカー広場という名だった。ヴィスマールでなぐられた、あの海賊である。ロストックにも縁があったらしい。

ハンザ時代の造幣所レリーフ

ドイツで眠るデンマークの王妃

大学の裏手に聖十字修道院がひっそりと建っている。中庭は市壁に面し、町の中とは思えぬ静けさ。内部は博物館で、宗教的な展示が多い。その中に修道院設立を物語る絵があった。十三世紀のこと、デンマーク王クリストファー一世の妃で、ポンメルン出身のマルガレーテがローマから帰路、ロストックに滞在した。そして国へ帰る途中、嵐で船が難破し、王妃はロストックの漁夫に助けられた。これを感謝して王妃は自分が助けられた浜に修道院を建てる決意をする。ところがハンザ時代の浜は海賊や盗賊たちが現れて危険だったため、王妃は町の市壁の中に修道院を建設し、生涯をロストックで暮らして一二八二年に修道院で亡くなった。ロストックから三十キロほど離れたドベランの教会墓地に葬られている。そのマルガレーテの建てたのが、この聖十字修道院である。マルガレーテは、〝俊足の馬〟というネックネームがあるほどエネルギッシュな女性だったようだ。デンマークはハンザの仇敵であったはずだが、そんな歴史もあったのか、と驚いてしまった。

修道院見学の後、クレペリーナー通りを今度はマルクト広場へ向かって歩く。途中にハンザ時代の造幣所だった建物がある。現在銀行になっているが、壁には中世からのレリーフが掛かっていた。大きなハンマーを振り上げて貨幣を造っている様子を表している。ヴィスマールのギーゼ氏が、EU通貨統合の先取りだった、と述べていたように、ハンザ同盟都市では共通の通貨を鋳造していた。

複雑で精巧な天文時計

ロストック最大のマリア教会は、十三世紀前半に着工されているが、十三世紀末にはリューベック

15世紀前半に創立された由緒あるロストック大学

裏道にはまだ修復されていない
ハンザ商館が佇む

Rostock

いくつかの様式を取り入れたマルクト広場の市庁舎

地ビールレストランのニシン料理

の聖マリア教会を真似て増築工事が行われている。教会最大の見物は天文時計。祭壇の裏側に取り付けられたこの天文時計は一四七二年、ニュルンベルク出身の時計技師によって作られた大変精巧なもの。一六四三年にキリストの十二使徒のからくり人形が取り付けられている。毎日正午になるとオルゴールの音楽と共に使徒が現れ、ユダのみが挨拶せずに消えていく。一般に天文時計は太陽や月の状態も示すなど、どれも複雑で見方がよく判らない。その中でもこの天文時計は最も複雑といわれ、日の出時刻や利子の計算方法まで判るという。とにかく理解できたのは、上の時計機能と、下のカレンダー機能だけ。現在取り付けられているカレンダーの文字盤は二〇一七年までのものだそうだ。

マルクト広場は市が立たないときは車を止められるので、まるで駐車場のようになっていた。広場を取り囲む建物は大戦でほとんどが焼け落ち、わずか七軒だけが焼け残った。その一つが市庁舎である。ピンク色の壁に窓枠の白がよく目立つ。屋根の上に煉瓦の飾り壁が取り付けられている。たくさんの丸い風穴と可愛らしい小さな尖塔は、明らかにリューベックの市庁舎を真似ている。

市庁舎の入り口へ近づいてみて、一瞬たじろいだ。柱の下に蛇がいる。もちろん本物の蛇ではなく銅像なのだが、実にリアルでまるで生きているみたいだ。単なるユーモアなのか、それともロストックと蛇は何か関係あるのだろうか。

中世のビール

お昼に市公文書館のドクター・カールステン・シュレーダー氏と会うことになっていた。市庁舎前から市電に乗ってランゲ通りを通過し、旧市街の外のドベラーナー通りへまで行く。地ビールのロストッカー・ピルスを飲ませる店「ブラウケラーBraukeller」で待ち合わせていた。地下のレストランへ入っていくと、約束の時間よりかなり早かったのにシュレーダー氏はもう座っていた。

公文書間に保管されているショーラーのスケッチ画

「ロストッカー・ブラウケラー」はロストックのビール工場「ロストッカー・ブラウエライ」が経営するレストランである。現在ロストックの地ビールはこの一社だけ。工場の地下にあるレストランは庶民的雰囲気で、ビールも料理も美味しいと定評がある。シュレーダー氏の勧めでロストッカー・ピルスと、それによく合うバルト海の名物ニシンの料理を頼んだ。運ばれてきたロストッカー・ピルスは評判通り美味しい。旧東独時代にビールの質を落としたロストックだったが、見事に復活した。

ビールは古代ゲルマン人も飲んでいた。ケルト民族はビール醸造技術を持っており、ドイツでは八世紀にビールが造られていた記録がある。中世初期の頃、ロストックではどの家でも自家用にビールを造っていた。それが輸出用に醸造されるようになると広い空間と大きな釜が必要となり、裕福な市民のみがビールを醸造するようになっていく。

ロストックのビールはハンザ商品として外国に運ばれていった。特にスカンジナビア諸国での需要が高く、ヴィスマールやロストックのビールは大量に北欧やロシアへ運ばれた。輸出用のビールは長持ちさせるためにアルコール度数を高くしたものもあったが、地元で消費されるものはさほど強くなかったので、人々は毎日飲んだ。

小間物屋のスケッチ画

シュレーダー氏は、分厚い本を出して見せてくれた。それはハンザ時代、ロストックのヴィッケ・ショーラーという小間物屋が描いた、町全体のスケッチ画だった。オリジナルは幅六十センチ、長さ十八メートルに及ぶ大作で、市の公文書館に保存されている。ヴィッケ・ショーラーは一五七八年から八年がかりで一二八枚のスケッチ画を描き続けた。それらをつなぎ合わせたものが十八メートルの巻絵である。この本は、それを元に写真複製したもので、解説とスケッチ画がセットになっている。

通りの左右に建ち並ぶ建物をそのまま平面に並べて描いているらしい。マルクト広場などは、中央に立って撮した円形写真をそのまま平面にしたような構図で、まるで最近の三百六十度パノラマ写真の技術を先取りしたようだ。

「建築学的な視点から見ると、おかしな所は幾つもあります。しかしこのスケッチ画は旧市街復元に際して大変役に立っており、非常に貴重な巻絵です」とシュレーダー氏は話した。

ヘビかウナギか

シュレーダー氏に市庁舎の蛇のことを尋ねると、蛇は十八世紀半ばにあの場所に置かれたとのこと。つまり約二百五十年前からあそこにいるわけだが、どうやら三代目の蛇らしい。シュレーダー氏が持っていたパンフレットに先代の蛇の写真が載っていた。黄金に輝く細身の蛇で、現在の蛇ほどリアルさはない。初代の蛇はもっと簡単なものだったらしい。

「ロストックの人々は昔、あのような蛇を見たことがありませんでした。市庁舎前のマルクト広場では野菜や果物の他に、魚介類も並んでいました。ドイツでは珍しくウナギも売られていたので、町の人々は市庁舎の柱にウナギの彫像が置かれたと思っていたんですよ」

それは実際ウナギにそっくりだったそうだ。そしてシュレーダー氏

は、もしかしたらウナギだったかも知れないと言う。ロストック市民はずっとウナギだと思っていたらしく、本当のところは判らない。二代目あたりから、蛇は「知恵」の象徴なので、市庁舎のシンボルは完全に蛇の姿となった。あるいは最初から蛇だったのかも知れないが、それを作った職人は、蛇を見たことないのでウナギを参考にしたのではないだろうか。

シュテルテベッカー広場の由来は？

「シュテルテベッカー広場というのがありますが、彼はロストックと関わりがあるのですか」と、例の海賊のことを尋ねてみた。シュレーダー氏によると、ロストックとシュテルテベッカーは何も関係ないとのこと。リューゲン島でシュテルテベッカーの野外劇が始まったとき、それを演出したのがロストックの劇場監督だった。野外劇は大成功で、シュテルテベッカーのことは北ドイツに瞬く間に広まり、縁の地では通りの名前などに彼の名が使われるようになる。そこでロストックの新しい広場に名前をつける際、ロストックが野外劇の仕掛け人だったことに因んでシュテルテベッカー広場と銘々した、というわけである。

「リューゲン島とその海賊とは関係あるのですか」

「彼の生地だといわれています。生地といわれる場所は幾つかあるので、本当のところは判りません。明日、シュトラールズントに行かれ

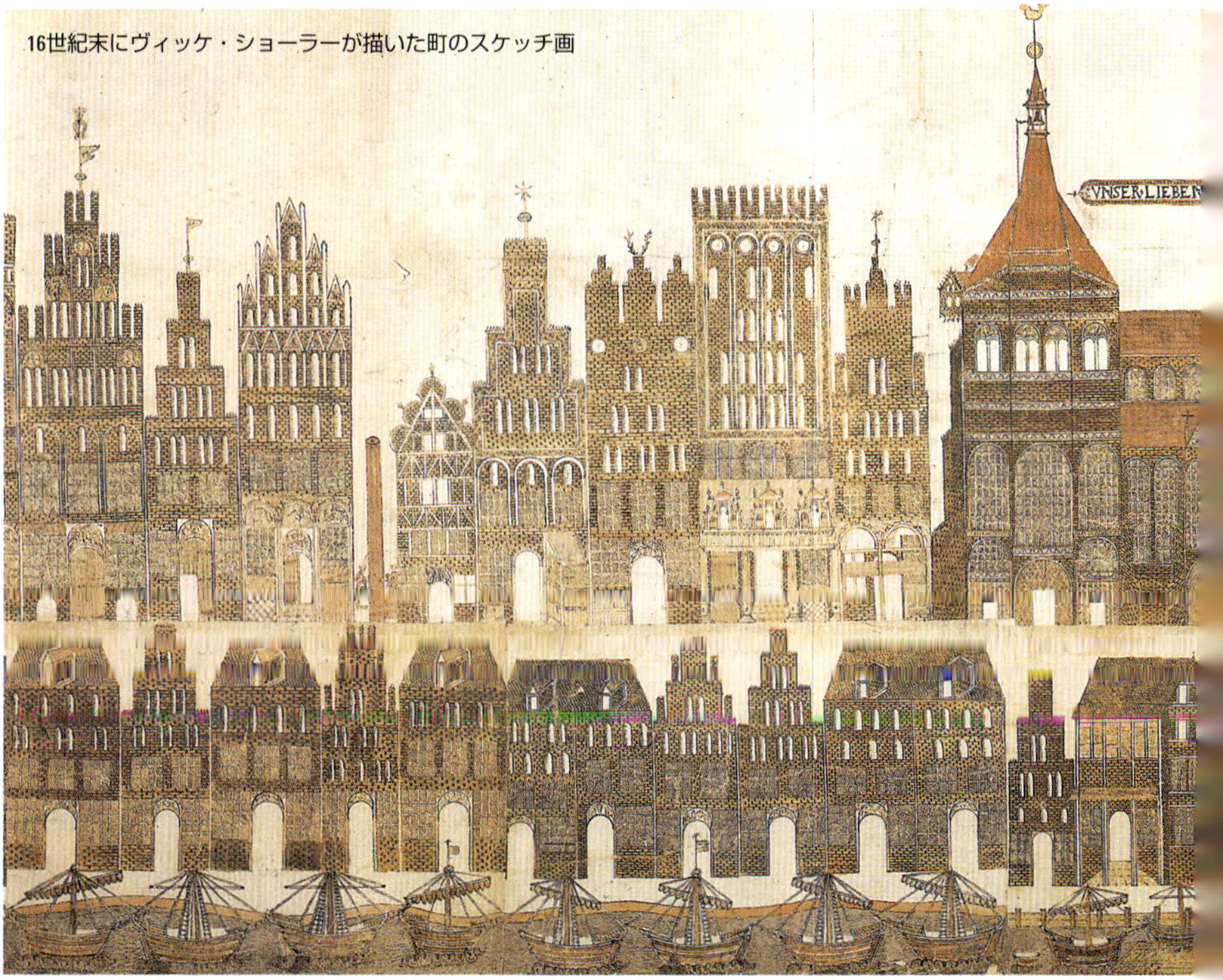

16世紀末にヴィッケ・ショーラーが描いた町のスケッチ画

るのでしょ？　そしたら是非リューゲン島にも行ってください。綺麗な島ですよ」

「ハンザの船を狙った海賊はたくさんいたのに、何故シュテルテベッカーだけが有名なのですか」

「シュテルテベッカーは裕福なハンザ商人から物を奪い、貧しい人々に分け与えていました。当時の庶民はみなシュテルテベッカーの味方だったのです」

北ヨーロッパの海賊といえばバイキングである。バイキングの後の時代に、ハンザを相手に北の海を荒らし回った義賊がいたことを初めて知った。

巨大な倉庫が建つハンザ時代の港へ

食事の後、シュレーダー氏が港へ案内してくれた。ロストックはバルト海から十キロほど入り込んだヴァルノウ入り江の先端に開けた町である。ヴァルノウ入り江は、まるで幅の広い川のように陸に入り込んでいる。町はちょうどリューベックのような造りで、楕円形の旧市街には中央に幅の広いランゲ通りが走り、そこから何本もの緩やかな坂道が港に下っている。坂道の両側には戦前までかつてのハンザ商人の館が並んでいた。造船の盛んだったロストックは連合軍の標的になり、港のあたりは徹底的に空爆を受け、ハンザ商館はほとんど残っていない。ほんの数件だけ復元されたものも含めて見ることができる。屋根の先端に滑車が付いているのがハンザ商館の特徴で、港から上がってきた荷を道から直接吊り上げて屋根裏の倉庫に収納した。今は港の巨大な倉庫へ船から直接納めている。

「ハンザで取引されたものは、かさばる商品でした。ドイツからは樽に詰められた塩やビールが運ばれて行き、ロシアからは木材、穀物、鉄、銅、タール、鑞、蜂蜜、毛皮などが、北欧からはニシンや鱈が運び込まれました」

市庁舎の柱から這い出たヘビ

ハンザ商人とイタリア商人

ハンザはバルト海を舞台にした取引と、イギリス、オランダ、ベルギーなど北海を舞台にした取引に分かれるが、いづれもリューベックが指導権を掌握していた。東方から穀物、木材、麻布などが、西方からは毛織物、羊毛、葡萄酒などがドイツに運び込まれた。確かにかさばるものばかりである。これに対し、地中海交易でイタリア商人が扱った品は、胡椒、香料、宝石、薬品、絹、染料などだった。イタリア商人はコンスタンチノープルへ行き、そこのアラビア商人からかさばらない物を買い込んだ。シュレーダー氏はさらに語る。

「イタリア商人たちは価格の不明なもの、つまり現地へ行けばただのような胡椒や香料などを買い付けヨーロッパで高く売ったのです。ハンザの商品は現地で生産され、その場で加工されているものが多く、ニシンや鱈もおおよその生産コストが判るもので、ごまかしようがない。それに対しイタリア商人は胡椒や香料などの他に宝石など、全く値段の判らない物を仕入れ、貴族や金持ちたちに高価格で販売したため、利潤率が高かったのです。それが中世二大経済圏の特徴でした」

地中海交易が贅沢品を扱っていたのに対し、ハンザで扱ったものは生活必需品が多かった。イタリア商人たちは小さな船で地中海を航行していた。ハンザ商人たちはかさばる商品を積めるよう、船底の深いコッゲ船でバルト海を航行した。

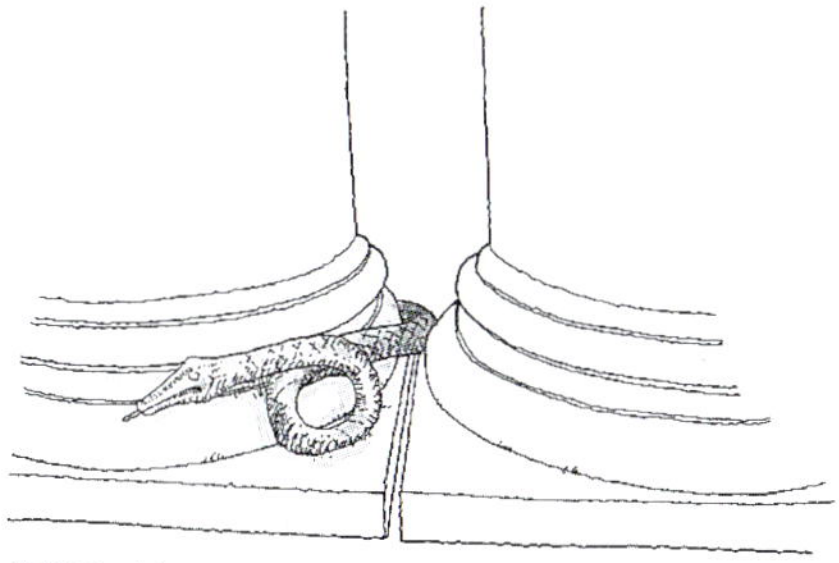

先代のヘビ

ハンザ時代を彷彿させる帆船祭り

「そのコッゲ船を造っていたのもロストックです。早くから造船が盛んで、ハンザ時代、ドイツのバ

ルト海諸都市からコッゲ船の依頼が殺到し、北欧諸国からも船の注文や修理の依頼がありました」

ハンザ時代から船と関わりの深いロストックだが、今や船では最も華麗な光景を見せる町となった。ロストックでは統一後、一九九一年から毎年八月に「ハンザ・セイル」という帆船祭りを開いている。かつてのハンザ都市からは勿論のこと、世界各国から二百艘以上の帆船が集まり、デモンストレーション航海を披露する。ロストック市に所属するバルト海に面したヴァルネミュンデで行われる。小型船はロストック市内の港まで入ってくるという。

「これにはシュトラールズントからシュテルテベッカーの船もやって来ますよ。リューゲン島の劇に出ている俳優たちが衣装を着て乗っています。本当に楽しいお祭りです」

期間中は百万人が見物に訪れる。ロストックがもっとも賑わう時である。

ムンクも愛したヴァルネミュンデへ

シュレーダー氏と別れて郊外電車に乗り、ヴァルネミュンデに向かった。中央駅とヴァルネミュンデの間を郊外電車が頻繁に往復しており、所用時間は二十分ほど。駅は港の中にあり、アルター・シュトロームと呼ばれる川のように細長い船着き場に面している。

十四世紀の初めまで貧しい小さな漁村だったヴァルネミュンデは一三

巨大な倉庫が並ぶロストック港

二三年ハンザ都市として栄えていた豊かなロストックに買い取られる。以来ロストックの外港となった。それでも港町としての発展はなく、十九世紀に海水浴客が来るようになってから存在が知られるようになる。発展がなかったお陰で戦災にも遭わず、古い町並みがそのまま残った。ヴァルネミュンデの美しさに惹かれて多くの芸術家たちがここを訪れている。ムンクもやってきて暫くここに滞在した。その小さな家は現在ギャラリーになっている。

二十世紀初頭に小型船の船着き場としてアルター・シュトロームが造られると、これに沿った通りには、貧しい船乗りたちの家が建てられた。どの家も、平屋建てに屋根裏部屋付きという小さなものである。その小さな家の町並みが何とも可愛らしく、非常に絵になる風景だった。十年前は、どの家も手入れが悪くてペンキが剥げていたりしたが、それなりに鄙びた風情があった。今ではほとんどがレストランやカフェ、土産物店に変わってしまった。所々に残る民家もすっかり化粧直しを終え、見違えるように新しい町並みになっている。外壁を塗り替えた民家も別荘として売り出されたようで、持ち主はほとんど入れ替わってしまったようだ。

町並みは変わってしまったが、この洒落た雰囲気もなかなか良い。アルター・シュトローム沿いに浜辺まで歩く。今回もあまり上等な天気ではなかったが、気温は高く、海は穏やかだった。白い灯台のところまで来ると、浜辺にたくさんビーチチェアーが並んでいるのが見える。太い

ムンクの住んでいた可愛い家

柳の枝で編んだビーチチェアーは北ドイツ特有のもので、背もたれ部分に風よけのフードが付いている。初夏になってこの椅子が砂浜に並ぶようになると、ドイツの人々は夏を感じ取るという。こうして砂浜のビーチチェアーは、北ドイツの夏の風物詩になった。

毎年八月の「ハンザ・セイル」期間中、大型帆船がこの海を埋める。何十枚もの帆を張った白い帆船が行き交う。ハンザ時代には多くの帆船やコッゲ船がバルト海を航行していた。そんな時代を想定して中世に思いを馳せる楽しい祭りである。

地域社会の再確認

ハンザ時代を懐かしむイベントがもう一つある。それは「ハンゼターゲ・デア・ノイツァイト（新しい時代のハンザ会議）」と呼ばれる新ハンザ会議である。

「新ハンザ会議」は一九八〇年、かつてのハンザ都市オランダのスヴォレから始まった。この年、スヴォレは市政七百五十年を祝った。記念祭の準備中に、市の公文書館から一二九四年にリューベックと交わしたハンザ同盟の手紙が発見される。準備委員会はこれにヒントを得てハンザ会議の再現を試み、かつてのハンザ都市の中から四十三都市を招待した。このとき各国の代表者たちから「ハンザの伝統」をもう一度蘇らせようという案が出され、翌年リューベックの話し合いで正式に「新ハンザ会議」が発足。次の年からはリューベックの市長が議長になって毎年会議を開くことが決まった。

一九八二年にドルトムントで二回目の会議が開かれ、五十六都市が参加。以来、参加国は増え続け、今ではおよそ十カ国から百あまりの都市が「新ハンザ会議」に参加している。開催地は年ごとに異なり、ハンザに加盟していた北ヨーロッパ各都市で毎年六月半ばに四日間開かれる。そこでは各都市が観光ピーアールも行い、会場には一般市民向けにブースが設けられて観光パンフレットなどが配られ

ウナギの燻製

ヴァルネミュンデの燈台

る。一方では政治的な話も行われ、東ヨーロッパの都市に対する連帯行動が決議される。例えば一九九四年の「新ハンザ会議」では、ロシアのノヴゴロドにあるハンザの館を修復することが付議され、その責任はヴィスビーとベルゲンが負う、というものだった。これに対してドイツ、オランダ、ベルギー、ノルウェイ、スウェーデン、フィンランド、その他のバルト海諸国から集まった資金は百四十万ドイツ・マルク。そして工事は翌年から始められた。
　単なるお祭りに留まらず、経済支援の実行を伴う「新ハンザ会議」である。そしてその開催都市は、なんと、既に二〇二〇年まで決められている。

ニコライ教会と一体となって巨大な建物に見える市庁舎

Stralsund

シュトラールズント

ドイツ最北東のハンザ都市

ドイツ最北東の町

こんな遠くまでやって来たのは初めてだった。ロストックからは列車でわずか一時間半ほどの距離だが、ドイツの地図を広げてみるとシュトラールズントは東の北の端である。駅からタクシーでホテルへ向かう。航空写真で見ていたシュトラールズントは三角形の町で、海と二つの池で三方を取り囲まれているため島のように見えたが、実際には二つの池は想像より小さなものだった。旧市街は駅から近く、マルクト広場のホテル「ツーア・ポスト」には直ぐに着いてしまった。

ホテルの前に銀行があったので、まず最初にお金を取り替えに行く。一万円札を受け取った銀行員は、物珍しそうに裏返したり透かして見たり、それからファイルを取り出して日本円の写真を探し始めた。ヨーロッパでこういう体験は近年ほとんどないので驚いてしまった。しかも見つけた日本円は聖徳太子だった。それは昔の一万円札だと説明すると、上司らしき人と相談したあと、やっと交換してくれた。どうも日本人はこんな遠くまで滅多に来ないらしい。

シュトラールズントは、最初シュトラーロウと呼ばれる小さな漁村だったが、一二〇〇年頃にハンザ商人たちが入植し、一二三四年にリューゲン島のヴィッツラヴ侯爵によって都市権を与えられた。ハンザ同盟には一二九三年に加盟し、以来バルト海沿岸の港町として栄えた。三十年戦争

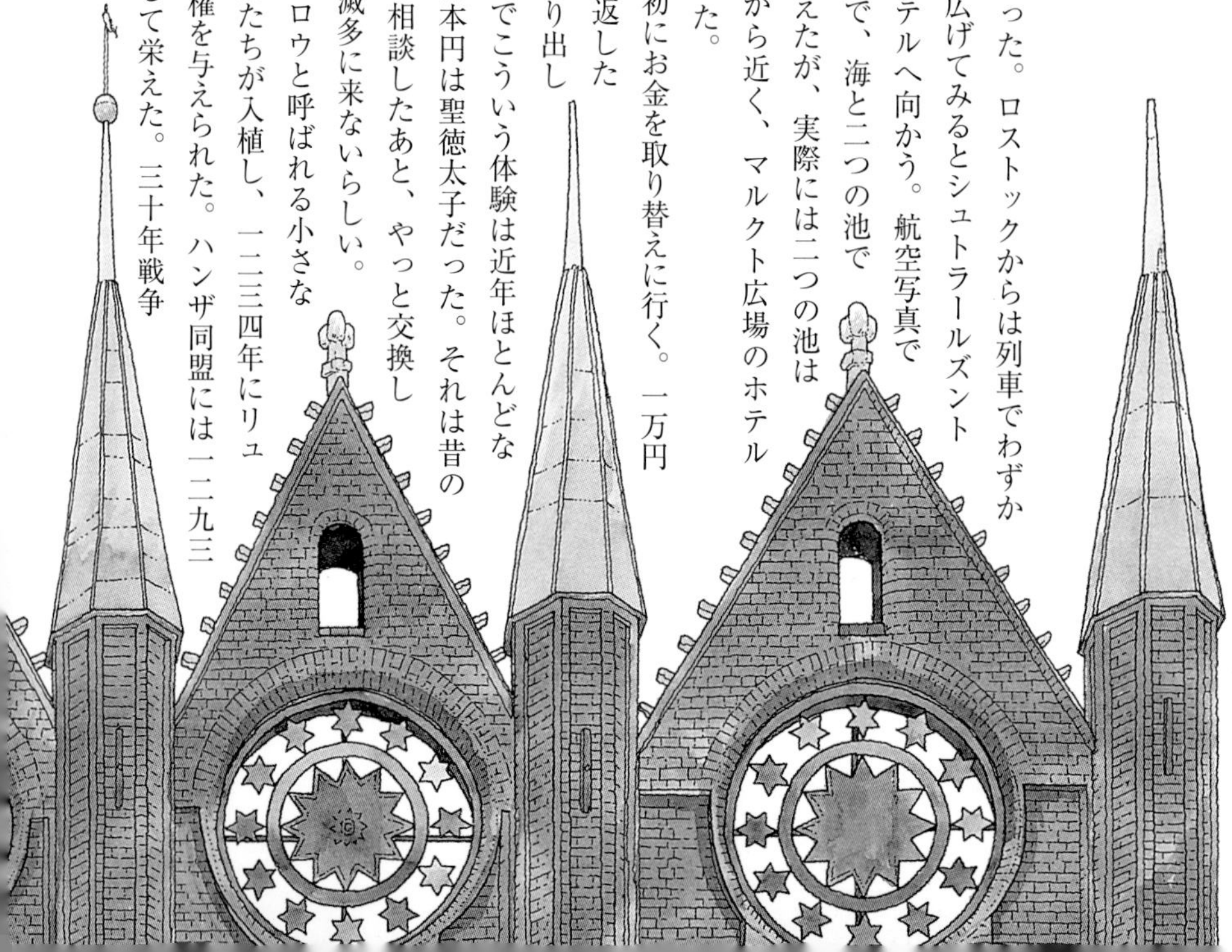

ショッピングアーケードのような市庁舎の一階

では皇帝軍に占拠され、ヴェストファーレン条約によってスウェーデン領となり、この状態はナポレオン戦争まで続いた。一八一五年のウィーン会議の結果、シュトラールズントはプロイセン王国に所属し、再び港湾都市として発展する。東ドイツ時代はロストックに次いで大きな港町だった。直接バルト海に面しているが、目の前に大きなリューゲン島が横たわっているため、島が防波堤となって町は守られ、港はいつも穏やかである。

シュトラールズントは初めてだったので、予めガイドさんを頼んでおいた。フジヤーラさんという珍しい名前の女性ガイドは、日本の知識も多少あり、自分の名前は日本人のフジワラに似ているでしょ、と自己紹介した。

旧マルクト広場

旧マルクト広場はハンザ時代に築かれた建物が並ぶ大きな広場である。煉瓦造りの市庁舎は、隣のニコライ教会、そして教会との隙間を埋めるように建てられた三軒の家と一体となって恐ろしく巨大な建物に見える。市庁舎は四階建てのように見えるが二階までしかない。三階から上は飾り壁のみで、無数に空いた風通しの穴、七つの柱にかぶせられた青銅の尖り屋根は、明らかにリューベックの市庁舎を真似ている。十三世紀に建設が始まった市庁舎は最終的に十五世紀まで手が加えられていくが、リューベックを意識してそれより立派なものを建てようと頑

リューベックを凌ぐような市庁舎のファサード

張った。二階の窓の上にいくつかの紋章が付けられている。ハンザ時代に同盟都市だった町の紋章で、ブレーメン、リューネブルク、ハンブルク、リューベック、ヴィスマール、ロストック、シュトラールズントそしてグライフスヴァルトの八都市。正面からは六つしか見えないが、横に二つある。シュトラールズントの紋章は、赤地に白抜きの十字と矢印。十字に向かって矢印が突進しているように見えるが、矢印ではなく、ハンザの商業を意味する十字から光が放射しているのである。シュトラールは現代語のStrahlで、放射線や光線を意味し、ズントは海峡のこと。リューゲン島によって狭められた海をズントと見たのだろう。

旧マルクト広場に立っていると、カラフルなトラックがやって来て私たちの前に止まった。驚いたことに、トラックには「シュテルテベッカー」と書かれている。フジヤーラさんに、一体これは何かと尋ねると、レストランにビールを運んでいる地元ビール会社のトラックだそうだ。海賊のシュテルテベッカーをビールの銘柄にしている醸造所がシュトラールズントにあるという。興味があるなら夕食にそこへ行ってみましょう、ということになった。

世界初のパッサージュ

市庁舎の中は意外な造りだった。天井まで吹き抜けの道があり、そこは誰でも通り抜けられる。二階にはバルコニーが、そしてそのバルコニーを支える柱が道の両脇に規則正しく並んでいる。一階には柱の奥にいくつかの小部屋があり、それが家のドアのようにも見えるのだ。まるで近年、ハンブルクなどの都会に出現したショッピングモールのよう。こんな変わった市庁舎を見るのは初めてだった。ハンザ都市では、どこでも市庁舎がハンザ商品の取引所を兼ねており、一階や地階、あるいは外廻りのアーケード下で商品が売買された。しかしシュトラールズントでは、市庁舎が最初からあたかもシ

海と湖に囲まれた
シュトラールズント

ヨッピングモールのように建設されている。

「これは世界初のパッサージュです」とフジヤーラさんは言った。当時は二階と併せて四十軒の店が並び、フランドル地方からの毛織物を主に扱っていた。ここは現在でも市庁舎として機能し、一階の「獅子の間」では定期的に会議が行われている。世界史に登場する「シュトラールズントの和議」もここで行われた。一階の両脇にそれぞれ並んだ五つの小部屋は市の事務所として使われている。このような造りでは能率が悪いであろうに、絶対に壊さないところがドイツらしい。ハンザ時代の面影を伝えるよう十分配慮しながら市庁舎の機能を果たしている。

会議や商談も行われたニコライ教会

市庁舎パッサージュの途中にある十字路を、東側に行くとニコライ教会の正面に出る。シュトラールズントには三つの大きな教会があり、そのうち最も大きいのがこの聖ニコライ教会。一二七六年に建設が始まり、ハンザ時代には教会の塔が灯台の役割も果たしていた。他の町でもそうであるように、船乗りたちの守護神である聖ニコラウスを奉ってある。船乗りたちは航海の前に教会で祈りを捧げた。しかしシュトラールズントでは、三つの教会がそれぞれはっきりした役割分担を持たず、すべてが市民の教会となっていた。ニコライ教会は市参事会との結びつきが強く、ハンザ時代では市の重要な会議がニコライ教会で行われていた。また、他の町からの使節を迎えるにも教会が使われた。もちろん、ハンザ商人の商談の場としても使われた。教会の正面入り口が、市庁舎の東扉を出たところにあるのもそのためである。

ニコライ教会の入り口には、頑丈な扉の前に幾重にも煉瓦を積み上げて造られた装飾的アーナがある。一九九五年に行われた教会修復の際、八万マルクがつぎ込まれたが、それはほとんどこの華麗な

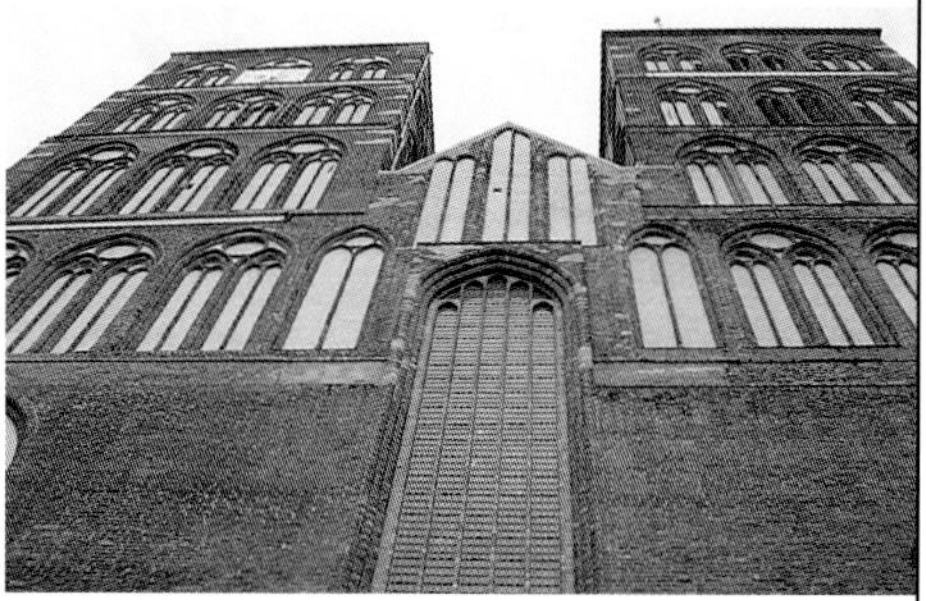
ニコライ教会の正面入り口

玄関だけに費やされた。内部には茶色と青を基調の色彩が施され、黒ずんだ煉瓦の外壁からは想像できないカラフルな教会である。一三九四年に取り付けられた天文時計があり、この時代に作られた天文時計で現存するわずかなもの。六階の高さがある二つの塔は、奇妙なことに南側だけ丸い屋根と展望台が乗っている。十七世紀に改築されたとき、南側の塔にバロック様式の丸い屋根が取り付けられたが、北側の塔は予算が足りなくなって平らな屋根になってしまったそうだ。

本物のハンザ商人の館

かつてのハンザ商人の館で、今は美術館になっているディーレンハウスを訪れた。入ると直ぐ吹き抜けの大きな部屋「ザール」がある。かつての土間で、ここまで荷を運ぶため玄関入り口は馬車ごと入れる大きさに開けられている。土間にはコントールと呼ばれる帳場があり、ここで商品のチェックが行われた。土間の天井には滑車が付けられ、そこから下がる太いロープで穀物など長く貯蔵できるものは屋根裏部屋などの納屋に運ばれた。ザールには太くて頑丈な柱「ハウスバウム」が一本据えられて、それは地下で幾つかの支柱によって支えられている。まるで地中に生えた根っこのようだ。大黒柱のようなハウスバウムはまた、上階でいくつかの梁を支えている。それは枝のように広がっているようにも見える。ザールの右隣はドルンゼと呼ばれる商人の事務室。直ぐ後ろに台所があり、そこから温かい空気が流れてきた。台所の空気は、ケムラーデンと呼ばれる細長い筒を通って奥の各部屋へと運ばれていった。ハンザ商人の館は間口が大体十二メートルほど、奥行きは大きな家では三十メートルにもなる。一番奥の部屋まで暖が届いたかどうかはともかく、ケムラーデンにはハンザ商人の知恵と工夫が伺える。

ガラリー（ギャラリー）と呼ばれるバルコニーが二階部分を巡り、大きな階段が土間から続いていた。

「この立派な階段と吹き抜けの二階部分に巡らされた回廊は、何のために造られたのでしょうか。単なる装飾なのですか？」と尋ねると、

「この階段や回廊は、オーバードルンゼ（中二階）や吹き抜け部分を有効利用したヘンゲカマー（吊り部屋）へ行くためのものだったのです。回廊に商品の棚があった家もあります」

　天井が高い家では、ドルンゼにオーバードルンゼという小部屋を造った。上方にあるため、ここは事務所より暖かくて快適だった。ヘンゲカマーは梁に吊り下げた本当に小さな部屋のことで、使用人の寝室として使われた。ディーレンハウスは改装されていないため、今まで見学したハンザ商館の中で最も多くのことを伝えている。

シッファー・コンパニー

「三時に予約を入れてあるから」と、船員協会の家「シッファー・コンパニー」に案内された。館の屋根に帆船の風見鶏が付いている。館内に入ると直ぐ左手に事務所があり、ベルを押すと中からひげを生やした男の人が出てきた。ホルスト・R・アメラングという船長さんで、船員協会の会長を務めている。二階に上がっていくと、美しい船の絵や船の模型、船長たちの写真が壁に飾られ、旗やランプ、舵、錨、そして外国から持ち帰った土産物の数々が展示されていた。

　船員協会は一四八八年に設立され、以来航海と船、船員に関する町の専門審議機関となった。港の管理や運営を任せられた組織でもあった。現在も港湾施設などの管理運営を任されており、また船員の未亡人の救済活動もしている。つまりリューベックの「船員協会」と同じような組織のようだ。

　アメラング氏は古い本のようなものを何冊か抱えてきた。ハンザの協定書かな、と思ったら「ソリューダーブーフ（兄弟たちの本）」と呼ばれているものだった。船員協会の会員名簿のようなもので、

設立当時からの会員の名前が記されている。一四八八年に五十人の会員で発足した。ブリューダーブーフにはその時から現在まで、会員の名前と入会日、脱会日が記入されている。会員の脱会日は大体が死亡日、つまり殆どが永久会員だった。会員になれたのは船主、船長、そして船員である。古本のような、かなり分厚いノートで、現在使っているのは四冊目。五百年も前から付けているのに四冊目とは少ない感じがするが、実際にそれで足りている。

アメラング氏は、「こっちの本はもっと面白いよ」とシッファー・コンパニーの会則が書かれた本を見せてくれた。十七世紀末に、シッファー・コンパニーの会員を船主とキャプテンのみに限定しよう、という案が持ち上がる。これには市参事会員たちが猛反対し、結局〝みんな兄弟〟ということで決着がつく。この騒ぎのあと、きちんとした規約を作ろうとティティ・ヴォルターというキャプテン

（上）かつてのハンザ商館には今も中二階にバルコニーが残る
（中）船員協会の会議室
（下）船員協会の入り口

罰金貯金箱

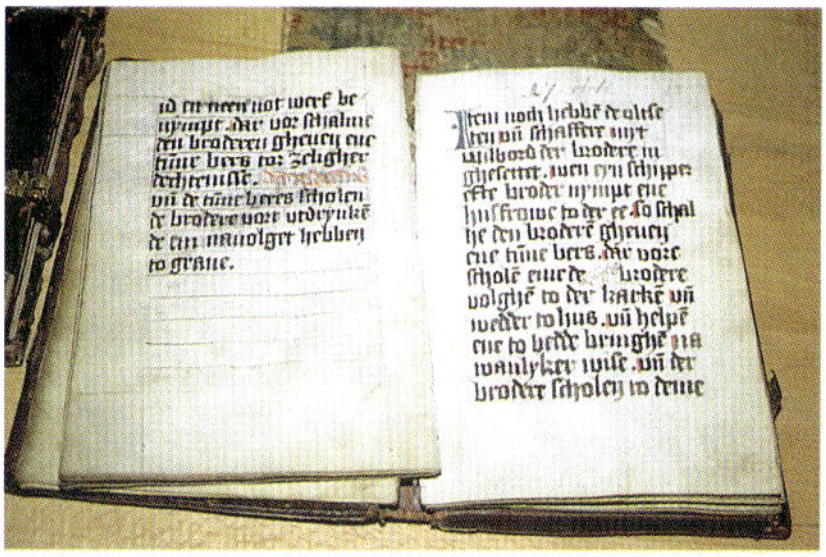
船員協会の会則書

が書いたのがこの会則書で、三百年以上を経た今も会員たちに受け継がれ、守られている。

「どんなことが書いてあるのですか？」

「変わった規則としては、宴会のとき人にビールをひっかけないこととか、酒を飲み過ぎてはいけない、人に飲ませ過ぎてもいけない、あるいはこの部屋の物を壊してはいけないなどだよ。そしてその規則を破った人は、ビール樽の中に入れられ、前の道をマルクト広場まで転がされるんだ」

「今でもそんな規則と罰があるのですか？」

「規則は変わっていないけど、樽の刑はさすがにやらないねぇ。規則破りはこの壺の中に罰金を入れなきゃならない。みんな誰かに罰金を支払わせようと、宴会が始まるとあら探しに夢中だよ」と、アメラング氏は蓋のついた古い壺を指さした。壺には鍵が掛けられ、蓋にはコインの投入口がある。大げさな身振りで話してくれるアメラング氏を見ていると、この船員協会はなんだか楽しそう。このような船員協会はリューベックとシュトラールズントの他に、フレンスブルク、シュターデ、ノルデンブルク、ブレーメンにある。リューベックが一四〇一年に設立されて最も古く、二番目に古いのが一四八八年に設立されたシュトラールズント。三番目に古かったのがヴィスマールだが、今はもうない。

「会合は毎週木曜日に開かれるけれど、その日を我々は〝船乗りたちの日曜日〟と呼んでいる」

「どんなことを話し合うのですか」

「会合とは名ばかりでね、夫人同伴でお酒を飲みながら雑談するだけなんだ。でもそれが一番大切なことなんだよ」

会員は現在五十人。この数は偶然であるが、発足当時と同じである。当時は町に三百艘の船があった。この部屋は一般に公開され、博物館の役目も果たしている。また船員たちの集いの他に、ロータリークラブの例会に使われるという。船員協会は今ではどこもサロン的要素が強く、キャプテンや船員たちの絆を深めることが活動の目的のようだ。

帰り際に、建物の中庭を見せてもらった。間口はそんなに広くないのに奥行きが深いのは、ハンザ商人の館と同じだ。裏庭はすべて長屋となり、船員の未亡人たちが住んでいる。これもリューベックの「船員協会の家」と全く同じである。ハンザ時代にできた組織は、その伝統である福祉事業が何百年経っても、こうして受け継がれている。

新マルクト広場

「シッファー・コンパニー」のあるフランケン・シュトラーセは、港から新マルクト広場に続くまっすぐな通り。港とマルクトを直結するこの通りの両側に、多くのハンザ商人の館が建てられた。第二次世界大戦で町の三十五パーセントが破壊されたが、フランケン・シュトラーセは比較的被害の少ない通りだった。丁度修復中の建物があり、シートの中を覗いてみると、外側だけを残して中はからっぽ。壁が崩れないように内部に鉄枠がはめられ、地下を掘っていた。このような建て方は普通に立て直すよりずっと建設費がかかる。外壁を塗り替えるだけでも個人ではかなりの出費であろう。そのため全く手を付けていない館が多い。

フランケン通りと旧マルクト広場の間にある聖ヤコブ教会は市の三大教会の一つ。しかし戦禍に遭って外側は修復されたものの教会の機能をなくし、現在は特別展示会場になっている。

新マルクト広場は、旧マルクト広場の二倍はあるかと思われる大きさである。広場に面してそびえ立つ教会は、町で一番大きなマリーエン教会。まるで大聖堂のような大きさだが、れっきとした市民の教会である。豊かな市民たち、多くはハンザ商人たちの寄付によって十五世紀前半に建てられた。シュトラールズントは一度も司教に支配されたことはなく、常に市民の町、商人の町であった。

路地には建物の間に飛梁が見られる

夜警の姿をした町の案内人

新マルクト広場の周りには、パステルカラーのファサードに、スウェーデン風の屋根飾りを付けた家が並んでいる。シュトラールズントは長いことスウェーデンの支配にあったが、これらの建物はほとんど十九世紀に建てられた比較的新しい館であり、占領時代のものではない。

シュトラールズントの市紋を掲げた建物

シュトラールズントの和議

港に近いフランシスコ派のヨハネ修道院は、現在市の公文書館になっている。既に閉館していたので入れなかったが、ここには十万冊の古書があり、図書館として誰でも利用できる。公文書は八百年の歴史を刻む貴重な証書が九千枚保管されている。記録文書は長さ三キロあるそうで、ヴィスマールで初めて耳にしたときは可笑しかったが、フジヤーラさんも同じことを言った。

「最も貴重な証書は、一三七〇年五月二十四日の『シュトラールズントの和議』です」

「あの有名な講和の証書がここにあるのですか？」

『シュトラールズントの和議』はデンマークとの間で交わされた講和条約で、ハンザの歴史を語るに欠かせない出来事である。十四世紀半ばに起こった、バルト海での覇権を巡るデンマークとハンザ諸都市との争いのことで、それはとうとう一国がハンザの同盟都市を相手に戦うという戦争までに発展した。ことの起こりは一三六〇年にデンマーク王ヴァルデマールがスコーネ地方を占領し、エーレンス海峡を封鎖したことである。エーレスンはデンマークとスウェーデンの間の海峡で、ドイツではズント海峡と呼ばれている。翌六一年にデンマークはゴトランド島のヴィスビーを襲った。ここはスウエーデン領だがドイツのハンザ商館が置かれるなど、バルト海の重要な中継地だった。

こうなるとハンザ諸都市も黙ってはいない。六七年に総会を開き、軍事行動をとることを決議。六八年に開始されたこの戦争にはドイツ・ハンザのほか、スウェーデン、ノルウェーそしてオランダの

ハンザ諸都市が加わり、船団を組んでデンマークに立ち向かった。戦局はハンザ軍に有利に推移し、コペンハーゲンが占拠されてデンマークは大敗する。その結果、ヴァルデマール王はハンザと講和を結ばざるを得なくなった。一三七〇年にシュトラールズントで結ばれた平和条約には、ズント海峡の自由航行、海峡沿いの城塞をハンザの手に委ねること、デンマークの王位選出はハンザの同意を得ることなどが盛り込まれた。これによってバルト海における安全性が確立され、販売市場と通商路の確保が定められ、またニシンの漁業権も獲得したのだった。この条約は通常『シュトラールズントの和議 Friede von Stralsund』と呼ばれている。

「この頃がハンザの絶頂期でした。バルト海や北海には、毎日六万から八万トンのハンザ船が千艘も往航していたと言われています。そしてこれをピークにハンザは衰退していきました」

ハンザの衰退

「ハンザは何故衰退したのですか」

「立ち後れていた諸外国が力をつけ、国家という意識を持ち始めたからです。『シュトラールズントの和議』の後、一三八

聖ニコライ教会（左）と聖ヤーコプ教会（右）がそびえ、対岸にはリューゲン島が横たわる

Stralsund

六年にはポーランドとリトアニアが連合し、ハンザを閉め出す動きにでてきます。ロシアでもモスクワ大公がノヴゴロドからハンザ商人を追い出してしまいました。北海ではオランダが、国内毛織物工業が成長したためハンザへの依存を必要としなくなりました。ハンザの取引そのものが多極化し、以前のような統率力は失われていったのです」

「リューベックのハンザ商人を介さず取引する内陸都市が出てきたのですね」

「それだけではありません。個々の都市で手工業が発達してきます。手工業者たちの力が強くなって商人を脅かし始めました。そして、最大の原因は新大陸の発見です。十五世紀末からの新大陸と新航路の発見はハンザ交易を覆してしまいました」

（上）シュテルテベッカービアを飲ませる郊外のレストラン
（中）シュテルテベッカービア
（下）バルト海で捕れた魚のフライ

シュテルテベッカービアのレストラン「ツーム・アルテン・フリッツ」

「新大陸発見がハンザにどんな影響を与えたのですか」
「今までアラビア商人から買っていた、地中海交易の品物の原産地へ、商人たちが乗り出して行くわけです。船を造るにしても一つの町や商人組合の資金では到底足りません。国家の力なくしては新大陸に向かうような大きな船を造ることは不可能です。オランダやイギリスは国家を挙げて大商船を造り、ハンザから離脱していきました」
一方ドイツといえば、まだ神聖ローマ帝国の時代で国家意識が薄く、諸侯の勢力が強まって逆に国家分裂のような形になっていった。船をつくるどころかハンザからの離脱を迫られる都市が出てくる。スペイン、ポルトガルも大型船を造り始め、十六世紀はイベリア半島の黄金時代になる。こうして新しいヨーロッパ交易が始まり、国際経済の担い手が交代したのだ。
一六六九年にリューベックで開かれたハンザ会議を最後にハンザは終焉した。それにしても非常に息の長い組織である。十二世紀半ばから十七世紀後半まで、ハンザはなんと五百年も存続した。

シュテルテベッカーのビアレストランへ

夕食に行く前に聖霊養老院へ立ち寄った。ハンザ商人たちによって建てられた慈善施設である。年老いたもの、貧しいものはここで救済された。リューベックで訪ねたいくつかのホーフに比べると規模はだいぶ小さいが、ホッと気持ちが和らぐような温かさを感じる。フジヤーラさんは町でここが一番好きだと言った。平屋建ての部分は買い取られて現在プライベート住居だが、中庭の二階建て部分は現在も老人ホーム。二十室に二十人のお年寄りが暮らしている。小さな教会、小さな長屋、小さな中庭。なにもかもこじんまり、美しくまとまっている。長屋の外壁はかなり濃い赤色に塗られ、それが草木の緑によく映える。この色は「牡牛の血の赤」というそうだ。

1827年に設立された醸造所は、東ドイツ時代に国営化されて以来ビールの質が下がる。そこで統一後にあるレストラン業者が醸造所を買い取り、質を元に戻すため、腕利きのブラウマイスターを探し始める。新聞広告を見たベルベリヒ氏は、当時ザールブリュッケン（旧西ドイツ）の醸造所で働いていたが、新天地を求めて東の果てまでやって来た。彼のアイデアは、まずドイツ古来の醸造法に基づいてビールを造ること。それは1516年に定められたドイツ純度法律に基づいて、大麦、ホップ、水など、全て上等なもの選ぶことから始まる。この作り方により、おいしい生ビールが誕生。もう一つ、ベルベリヒ氏のアイデアは、ビールの商品名にシュテルテベッカーの名を使うこと。シュテルテベッカーはビール好きで酒豪だったという言い伝えからヒントを得たものだった。これはリューゲン島での野外劇と相まってヒット商品となる。現在、黒ビールとピルスナーの二種類があり、瓶詰めされたものが四本セットになって「シュテルテベッカーの宝箱」として販売されている。

「ここでは窓が全部外開きなのよ。珍しいでしょ、ほら」と壁に近づいて窓を指さした。海に近いため、風が強いから内開きだと危いとのこと。そういえばドイツの住宅はドアも窓も全て内開き。しかし住居空間の狭い日本では、内開きはかなり贅沢な造りのため、ほとんど外開きである。

それから私たちは、市内から三キロほど南にある「ツーム・アルテン・フリッツ」という名のビアレストランへ行った。フジヤーラさんが、日本からお客様を連れてきたというと、ブラウマイスターのマルクス・ベルベリヒ氏が出てきてシュテルテベッカービアについて話してくれた。

早速シュテルテベッカーの黒を注文してみた。黒ビール独特の甘さがなく、きりっとした舌触りだった。シュテルテベッカーについて訊ねると、「奥の部屋に肖像画があるからいらっしゃい」と宴会用の広い部屋に案内される。こんな顔をしていたのか、と思いながら「彼のことをもっと教えてください」と頼むと、「ビールが強い海賊で、ハンザの船を襲って物を奪い、貧しい人に分け与えていたというくらいしか知りませんねぇ」という。側でフジヤーラさんが、「明日、リューゲン島へ行くときは別のガイドさんが来ます。その人はシュテルテベッカーに詳しいので、彼女に聞いてみたら如何ですか」ということになった。

「『アルテン・フリッツ』という店名はフリードリヒ大王のことですか?」と聞くと、

「ああ、なるほどね!」と感心して、「フリードリヒ・ノルドマンという先代の社長が国から買い取った醸造所なので、一九九七年にレストランを全面改築したとき店名を『アルテン・フリッツ（老フリードリヒ）』としたのですよ」

古い醸造方法で造っている生ビールの工場へも案内してくれた。発酵したなま温かいモストを飲ませてくれたが、ちょっと甘いようないい味である。ベルベリヒさんは一日中醸造所で過ごすことが多く、ビールの匂いが服にしみついているという。工場の中でふと漏らした彼の言葉が忘れられない。

「私はこの世の誰とも人生を交換したくありません!」

白亜の岬カプ・アルコナ

Rügen

リューゲン島

海賊と白亜崖の島

飛行機のプロペラを取り付けたような風力発電用風車

ドイツ最大の島へ

翌日の朝早く、リューゲン島からヴェンツェルさんというベテランそうなガイドさんがやってきた。島はシュトラールズントから二・五キロしか離れていない。デーンホルムという小島を利用して一九三六年にリューゲンダム（土手）が建設された。以来、鉄道ででも車ででも簡単に入ることができるようになった。まるで川の橋を渡るように、あっと言う間にリューゲン島に来てしまった。

リューゲン島はドイツ最大の島。島の入り口から先端のヤスムント半島まで五十キロほどある。とても広いので中に入ってしまうと、ここが島であることを忘れてしまう。道路の両脇には樹木が多く、見通しが悪いため昼間でも車のライトを付けることが義務づけられている。これまで北ドイツでよく目にしたが、ここには風力発電用の風車がたくさん回っている。メクレンブルク・フォアポメルン州では電力の十パーセントを風車が供給しているという。一九九八年に風力発電の新会社を設立し、それは同時にかなりの失業対策になった。その会社は「ハンザ・エネルギー供給ＡＧ」という。ハンザ都市との関連はないが、ハンザの名はこんなところにも使われている。

シュテルテベッカーの野外劇場へ

ヴェンツェルさんは、最初にシュテルテベッカーの野外劇が行われているラルスヴィークという村へ案内してくれた。そこは「大ヤスムント湾」に面している。国道からラルスヴィーク村へ行く道の曲がり角に、大きな看板が立っていた。車を止め、ヴェンツェルさんは「彼がシュテルテベッカーよ」と看板に描かれた男を指さした。この人がシュテルテベッカー。それはもちろん野外劇の俳優ではあ

シュテルテベッカー野外劇のパンフレット
左がシュテルテベッカー

るが、いかにも強そうな海賊である。右隣に、これまた剛健な男がいて、その人はシュテルテベッカーの相棒だそうだ。

　道は下り坂となり、かなり下がった所に村があった。観光地ではなさそうで、見たところ船着き場があるだけの小さな漁村。野外劇のために、港に面した斜面いっぱいに客席が造られ、そこが塀で囲まれている。丘の斜面を上がっていくと、野外劇場の全体が見渡せた。客席は丘の斜面、そして舞台は海である。いや、一応舞台はあるのだが、その後ろは港で船が何艘か浮かんでいる。ヴェンツェルさんは「ここが私の場所よ」と言って大きな切り株の上に乗った。ツアーガイドの際はお客さんを周りに集め、いつもこの切り株に乗って説明するらしい。

「毎年六月の終わりから九月の初めにかけての約二ヶ月間、日曜を除く毎晩八時から十一時まで、ここで野外劇『ディ・ヴィターリエンブリューダー』が行われます。観客収容数は九千人、毎晩満席状態です。雨が降っても傘は禁止。先日、始まる前から雨となりました。お客さんたちは皆フード付きレインコートを着て、三時間という長い間じっと劇を見つめていました。そのことが新聞に載って話題になっていましたよ」

「ヴィターリエンブリューダーってなんですか？」

「ヴィタリアーナ海賊のことよ。十四世紀から十五世紀初頭にかけてバルト海や北海に出没した海賊団のこと。ヨーロッパではヴィタリアーナ海賊のことはよく知られています」

　シュテルテベッカーを演ずる主役のノルベルト・ブラウンは、ドイツでかなり知られた俳優らしい。恋人役のパトリシア・フライはベルリンの劇場女優。この劇には約百五十人出演するが、そのうち五十人はプロの役者だそうだ。脚本は毎年新しく書かれ、歴史的背景は一応史実に基づいている。今年の内容は一三九三年のこと、デンマークが再びスウェーデンを欲しがってバルト海を封鎖するところから始まる。シュテルテベッカーはこの封鎖を破るためデンマークの女王マルガレーテの海軍と戦う。

シュテルテベッカー自身の資料が乏しいため、ストーリーは脚本家の創作。海賊船の略奪や戦争ばかりでなく、シュテルテベッカーの愛を描いて美しい恋愛劇に仕立て上げているらしい。

毎晩沈められる船

港に面した舞台の両脇に城のような建物が建っている。それは舞台装置なのだが、まるで前からそこにあった古い館のように見える。本物の建築資材を使っているためであろう。毎年舞台装置が変わるので、もったいないことに劇が終われば全て壊されてしまう。

「クライマックスは劇の最後です。海上の戦争となり、シュテルテベッカーのコッゲ船が火災を起こして沈んでしまうのです。シュテルテベッカーとゴーデケ・ミヒャエルは脱走して助かるのですが、船は本当に沈められます。劇はそこで終わり。観客たちは大胆な演出に驚き、ざわざわと席を立って帰っていきます。夜の十一時ですからもう真っ暗。街灯がないため、案内人が駐車場まで人々を導きます。沈められた船は翌朝まで海の中。毎回、朝になって海から引き上げられるのです。本当に大がかりな野外劇でしょ?」

こんな辺鄙なところで、そんなダイナミックな野外劇が行われていたとは。意図的に船を沈めることも、またそれを引き上げることも容易ではない。相当大がかりな舞台である。

「何故ここでシュテルテベッカーの劇が上演されるようになったのですか?」と聞くと、意外なことに「彼のコッゲ船がこの港に置いてあったからです」という答えが返ってきた。ヴェンツェルさんによると、彼はリューゲン島の出身で、このラルスヴィークを拠点とし、海賊船もここに停泊していたという。生まれた所は「小ヤスムント湖」の西岸にあるブッシュヴィッツという小さな村だそうだ。「ヴィスマールかその周辺の町で生まれたと聞きましたが」というと、

野外劇の舞台

シュテルテベッカー野外劇のポスター。
右の写真は演出家。

「色々な説があるので本当のことは判りません。みんな自分の故郷と結びつけたがるけど、この地方では〝リューゲン島で生まれたシュテルテベッカー〟となっています。でも生まれはともかく、ラルスヴィークに彼のコッゲ船があったことは本当よ」

斜面を降りて舞台の方へ行ってみると、先ほどの看板と同じポスターが壁に貼ってあった。右側にいる人物は誰か尋ねると、

「ゴーデケ・ミヒャエルといってね、シュテルテベッカーと同じヴィターリエンブリューダーよ。二人は共にハンザの船からものを奪って貧しい人たちに分け与えていたの」

「なぜシュテルテベッカーの方がよく知られているのですか」

「死ぬときが凄まじかったからでしょうね」といって語ってくれたことは、本当に驚くべき内容だった。

シュテルテベッカーの最後

シュテルテベッカーはバルト海を航行するハンザの船を狙っていたが、ハンザ同盟の軍隊によってバルト海を追われ、活動の場をノルドゼー（北海）に移す。今度はハンブルクを初め、北海を航行するハンザ船が悩まされることになった。ハンザにとっては目の敵だったヴィタリアーナ海賊たち。中でもシュテルテベッカーはもっとも厄介な海賊だった。なにせ強いし逃げ足は早い。ハンザは何度も軍隊を結成して海賊たちを捕らえ、処刑したが、シュテルテベッカーだけは捕まらなかった。しかし一四〇一年に彼はとうとう捕まってしまう。そして何ヶ月か後に処刑の日がやってきた。

処刑場には捕らえられたシュテルテベッカーと彼の手下たちが並ばされた。斬首刑である。そのとき彼は死刑執行人に次のようなことを懇願した。

漁師のアーノルド

「私の仲間たちを整列させてください。私は首を切られた後、仲間たちの前を歩いてみせます。そして私が倒れたら、そこまでの命を助けてあげて下さい！」

死刑執行人は、そんな不可能なことを、と笑って「よし、分かった！」と約束する。ところがシュテルテベッカーは首を切られた後、本当に仲間たちの前を歩いたのである。十一人目の前で息絶えて倒れた。そして約束通り、十一人の命が救われた。

処刑を見物していた人々はあまりの壮絶さに仰天し、感動し、シュテルテベッカーはたちまち英雄になった。そしてこの出来事は後世まで語り継がれていく。

劇場をあとに

音響のテストをしているらしく、舞台から美しい音楽が流れてきた。音楽も全てオリジナル。この美しい調べは「愛のテーマ」だそうだ。たった今聞いた血なまぐさい話とは全くかけ離れた美しいメロディー。頭に描いた凄惨な場面をうち消すように愛の音楽が流れ、舞台の向こうに青い海が広がっていた。

ラルスヴィークを後に、車はリューゲン島の最北端カプ・アルコナへ向かった。バルト海に突きだした半島が「大ヤスムント湾」を湖のように取り囲んでいる。右にバルト海、左に「大ヤスムント湾」を眺めながらシャーベと呼ばれる細い陸地をカプ・アルコナ目指して走っていく。リューゲン島からは白墨の原料となる石が採れる。バルト海に面して真っ白な岩肌を見せる岸壁がリューゲン島の名物。中でもカプ・アルコナとケーニヒスステュールの二つの岬がよく知られている。

「岬まで行ってしまうと全体が見えないから、岬がよく見える所へ行きましょう」と、ヴェンツェルさんはヴィット村へ連れていってくれた。そこに行くには、プットガルテンからはビンメルバーンと呼ばれる専用車に乗らねばならない。ヴィット村の入り口まで大した距離はないのだが、走り方が遅いので十五分くらいかかる。途中、ファツェリアという紫色の花が一面に咲いていた。こうした自然を守るために、自家用車の乗り入れを禁止している。

Rügen

ヴィット村の教会

住所のない村

バスを降りたところに白い六角形の小さな建物があった。茅葺き屋根のてっぺんに十字架があるので教会らしい。中に入ると、祭壇の後ろに古い壁画が描かれていた。教会にしては珍しく暗い絵だと思ったら、嵐の海を描いたもの。その昔、ヴィット村の漁師たちが嵐に遭って大勢亡くなった。その鎮魂画だそうだ。この教会から道は狭くなり、坂をずっと下っていく。急に民家の茅葺き屋根がいくつか眼下に現れた。ヴィット村である。

人口わずか二十四人、十三軒の民家から成り立っている。かつては貧しい漁村で、村の人たちは今でも漁をしているが、観光名所になってしまったのでペンションやレストランになっている家もある。浜辺までくると、左手にカプ・アルコナ岬が直ぐ近くに見えた。バルト海に突き出た、形の良い平らな岬である。

浜で魚を焼いている屋台があった。ヴェンツェルさんは「ハロー、元気そうねアーノルド！」と屋台の主人に挨拶した。ここの魚はおいしいから、と串焼きを買って二人で食べた。本当においしい！何の魚か尋ねると、ブターフィッシュだそうだ。ブターフィッシュとは、後で調べたら銀宝（ギンポ）のことで、図鑑で見るとなんだかきもちわるい。脂が乗ってブリのような味をしていたから、てっきりブリだと思って食べたのに。

ヴィット村にある十三軒のうち、十軒の家の入り口に記号のような絵が描かれている。中世では住

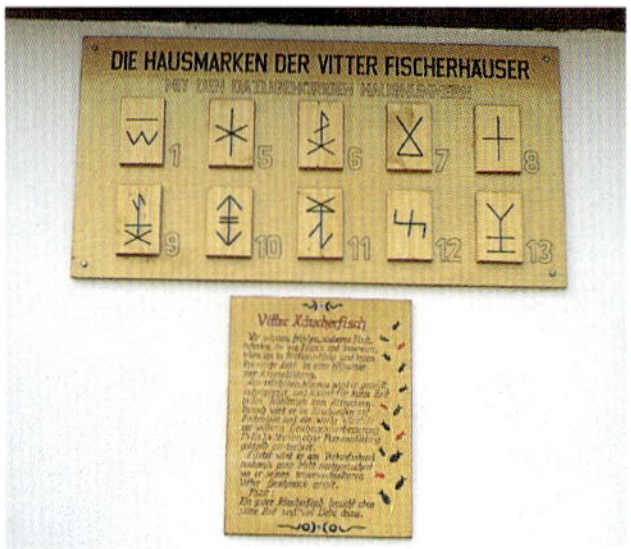

右から
リューゲン島の民家
ヴィット村の住所文字
ヴィット村の家並み
ビンツの海岸に並ぶホテル
魚介類の料理が名物

所がなかったので、こうした原始的な絵で各家を識別していた。民家は全て茅葺き屋根。夏は涼しくて冬は暖かい茅葺き屋根は効率的だが、個人で維持するのに負担が大きい。葺き替えには一平方メートルあたり百マルク前後かかる。それでもヴィット村ではどの家も茅葺きにしている。

カスパー・ダヴィッド・フリードリヒ

タイムカプセルのようなヴィット村をあとに、私たちはもう一つの白亜石の崖へ向かった。ヤスムント半島の先端にあるケーニヒスステュールで、チョーク岬の別名がある。こちらの方がカプ・アルコナより有名だ。ケーニヒスステュールとは「王様の椅子」と言う意味。海岸に面した真っ白な断崖が、気高く厳かに見えるからそんな名前が付けられた。その高さは百十八メートルという見事な断崖である。昔はそこに立って海を見るのはかなり危険で容易でなかったようだ。三人の男女が屈んで海をみている有名な絵がある。

カスパー・ダヴィッド・フリードリヒ（一七七四～一八四〇）が描いた『リューゲン島の白亜岩』は、切り立つ崖の手前から海を眺めている変わった構図。真っ白な切り立つ岩の間に青い海が広がり、崖の手前には左端に女の人が、中央と右端に男の人がいる。いづれも崖に生えた木につかまったり這いつくばったりしているので、よほど険しい崖だったのだろう。手前の人物と奥の海とを隔てるように、雪のような白い崖が鋭く光っている。

ドイツ・ロマン主義絵画を代表する風景画家であるフリードリヒは、シュトラールズントの南にあるグライフスヴァルトに生まれた。ここもかつてのハンザ都市である。故郷の野山を歩き回ってデッサンし、自然の美しさに目覚めたと言われている。二十四歳のときに芸術の都ドレスデンに出て学び、三十歳を過ぎてから油絵を描き始めた。彼が好んで描いたのは海、港、森、山、月の光などで、それ

までの伝統的な風景画や宗教画とは異なった、新鮮な構想によるものだった。フリードリヒは何度もリューゲン島を訪れている。彼はいくつか島の自然を描いており、その中で『リューゲン島の白亜岩』が特に知られている。

一日でリューゲン島を回るには、ポイントだけ訪れてもかなり忙がしい。チョーク岬まで行く時間がなく、またしてもバルト海に突き出た真っ白な岬を遠くから眺めるだけにした。断崖近くまで行って、フリードリヒが描いた場所から海を眺めてみたかったのだが。

リューゲン島の白亜石は一八三二年から採掘が始まった。それは現在も続けられているが、近年ではごくわずかな量である。ヴェンツェルさんに、白亜石を何に使うのか尋ねると、チョークの原料のほかに紙や磁器、板石に使われているそうだ。リューマチや坐骨神経痛、皮膚病にもよく効くというから、冗談で「食べるのですか？」と聞いた。ヴェンツェルさんは「白亜石パウダーを海水と混ぜて体に塗るのよ」と大笑いした。治療やエステにも使われているという。

私たちはグリム童話の『オオカミと七匹の子ヤギ』の話で盛り上がった。声を良くするためオオカミがチョークを食べたことについてである。ヴェンツェルさんも子供の頃、どうしてチョークを食べるのかなと不思議がり、耳鼻咽喉科のお医者さんに尋ねたそうだ。「チョークを食べても声は良くならないから食べちゃだめだよ、って言われちゃったわ」

プロイセン時代から流行った海水浴

リューゲン島はビンツを中心とする東側の海岸が、古くからの海水浴地。岩場の多い北側と異なり、ビンツ付近には砂浜の海岸線が遠くまで続いている。ザスニッツやギョーレンも浜辺の観光地だが、ビンツには鉄道駅がある。ここにはブレーメンやハンブルクからの電車が、リューゲンダムを渡って

カスパー・ダヴィッド・フリードリヒ
『リューゲン島の白亜岩』

やって来る。シーズン中は南ドイツやスイスから、インターシティ特急がやってくる。そうなると、西側からは距離的に遠いビンツだが、時間的には近い。海水浴を楽しむ人々にとって最も便利なバルト海のリゾート地である。

ビンツへ着いてちょっと驚いた。浜辺に沿って、エレガントな館が遠くまで建ち並んでいるのだ。三階建ての白亜の館は、各建物のバルコニーの柱や手すりに美しい装飾が施されている。これらのほとんどがホテルで、夏の間はどこも満室になる。海水浴場の浜辺は長く続き、風よけの付いたカラフルなビーチチェアーが砂浜を埋めている。ビンツの浜からは遠くザスニッツの岬まで見渡せた。

ビンツ郊外には高台にグラニッツ城がある。リューゲン島の侯爵フリードリヒ・マルテが狩りの館として建てたもので、今は博物館になっている。その先のギョーレンはビンツと並ぶ海水浴地。美しい浜が広がり、小さな郷土博物館もある。残念ながらこの二つの見所までは足をのばせなかった。

リューゲン島のことは、白亜の岬があるだけの島だと思っていた。こんなに広いとは想像もつかなかったし、観光スポットがたくさんあることも知らなかった。メクレンブルク・フォアポメルン州のバルト海沿岸には、ビンツのように白い美しい館が並ぶ町がいくつかある。十九世紀後半にバルト海の海水浴地では、似たような館が次々に建てられた。それらはベルリンに住んでいた貴族の夏の館だったり、彼らを迎えるためのホテルだったりした。

一九世紀になると、ヨーロッパでは海水浴なるものが流行り始めた。その頃ヨーロッパを制覇していたハプスブルク家では、自国のオーストリアに海がないことを悔しがった。そのため塩分の濃いバートト・イシュルの温泉に浸かって満足したといわれている。ハプスブルクの宿敵だったプロイセンでは、フリードリヒ二世がフランツ・ヨーゼフに、バルト海やノルドゼーを自慢したかどうかは知らないが、存分に北の海を享受した。王様や貴族が夏場の避暑にバルト海を訪れるようになると、それまで漁村だった簡素な浜辺が一躍華々しく変身をとげていく。ヴァルネミュンデやその北東に突き出た半島のダース、そしてリューゲン島には長く続く砂浜があるため、海水浴地として発展した。装飾的な柱や手すりのある白い建物は、この時代に流行った海水浴地独特の建築で、〝ベーダー・ゴーティッシュ（海水浴ゴシック様式）〟と呼ばれている。ベルリンで活躍していた名建築家カール・フリードリヒ・シンケルもリューゲン島にいくつかの作品を残している。

気になるシュテルテベッカー

シュトラールズントとリューゲン島を結ぶ橋は、大きな船を通すため一日に五回開く。ちょうどその開く時間にぶつかり、橋の手前で二十分ほど待たねばならなかった。

「シュテルテベッカーは野外劇の俳優さんのような人だったのですか」と尋ねると、ヴェンツェルさんは鞄の中をごそごそと探し、「あった、あった」と一枚の写真を取りだした。それは大きなモノクロ写真で、右肩に何かを担ぎ、左腰に剣を差した厳しい表情のシュテルテベッカーだった。この銅像が彼の生地とされるブッシュヴィッツ村に立っているのかと思い、慌てて「これはこの島にあるのですか？」と聞いた。橋を渡る前だったので今なら間に合う。「いいえ。ブッシュヴィッツには何もないわ」と言うので、「じゃ、どこにあるのですか？」と尋ねると、「向こう側よ」と答えた。海の向こう側。スウェーデンなら行くことは不可能だ。しかし念のため何という町か名前を聞くと、彼女は素っ気なく「マリエーンハーフェ」と言った。

いつか行くことができるかもしれない。このマリエーンハーフェという町の名前を、私はその場ではっきり記憶した。

夜はまだまだ明るいが、 9時を過ぎた浜辺にはさすがに誰もいない

Sylt

ズュルト島

最北の島のエレガンス

エミール・ノルデ美術館と庭

ノルデが造った庭園

ズュルト島へ向かう

ハンザの旅は終わった。

ハンブルクに降り立ってからブレーメンへ下り、リューネブルクからは「古き塩の道」を通ってリューベックへ。そこからバルト海に沿ってヴィスマール、ロストック、シュトラールズントまでやって来た。リューゲン島へも行くことができた。ハンザに関してはまだ解らないことが多いけれど、漠然としていたハンザの実体が今までよりずっと理解できた気がする。

ハンザの旅の後は、以前から行ってみたいと思っていた場所をいくつか訪れることにした。その一つがデンマークと国境を接するズュルト島である。ズュルトは高級保養地として知られている。ドイツ最北の地に立ってみたくて、まずはズュルトへ向かう。

ズュルト島へ渡る手前にはエミール・ノルデの美術館がある。ズュルトの観光局にノルデ美術館へ寄ってからヴェスターラントに向かうと伝えたところ、観光局の若い女性が駅で待っていて、ノルデ美術館まで案内してくれた。彼女はクリスティーナ・メルックという名だが、とても若いし、ウムラウトの付いた姓が発音しにくかったのでクリスティーナと呼ばせていただくことにした。

ノルデの絵より美術館の庭が見たかった。特別どうということのない庭なのだが、モダンな家の前方に雑然と広がる田舎風の庭が、何故かずっと心に引っかかっていた。土いじりの好きだったノルデが自分で造った庭で、杏や木イチゴもノルデが植えたままの状態にしてあった。住居はノルデ自身が設計した建物で、今は美術館になっている。海を描いたいくつかの作品が気に入った。建物の規模は小さいが、ここにはノルデの作品百七十点が季節ごとに入れ替わって展示されている。

ノルデ美術館のあるゼービュールは意外なほどズュルト島に近く、美術館を出てから島の渡り口まであっという間に着いてしまった。

ヒンデンブルク・ダム

ズュルトに渡るには車ごと電車に乗らねばならない。リューゲン島のように橋はなく、フェリーもない。ところが陸と島をつなぐ土手が建設され、そこには二本の鉄道レールだけが敷かれている。陸から島に行くには人も車も電車に乗る。そのため車専用の駅があるという変わった所だ。列車を待っている間、車の外に出た。近くに風力発電用の風車がずらりと並んでいる。シュレスヴィヒ・ホルシュタイン州のノルドゼーに面した地方はノルドフリースラントと呼ばれ、ここは風が強いためドイツで最も風力発電用風車が多い。自然エネルギーを生かした取り組みはドイツを筆頭にヨーロッパで盛んに取り組まれている。ズュルトも風が強く、風力発電には最適な場所だが、このプロペラを取り付けたメカニックな風車は美観を損ねるという住民の反対から、島には一基もない。

壁のない電車が入ってきた。並んでいた車はそこに一台づつ誘導されていった。風が強いので横揺れするため、車輪が固定される。電車には乗客用の車両もあるが、車で渡る者は車の中に座ったままだ。電車は動きだし、土手の線路へとゆっくり入っていった。この土手は一九二七年に完成し、時のヒンデンブルク大統領にちなんでヒンデンブルク・ダム（土手）と名付けられた。長さ十二キロ、海水から八メートル高く盛られた土手である。遠浅のため土手の建設が可能だったのであろう。土手の上は線路が二本敷かれているだけ。車道もなければ歩道もない。晴れていればズュルトが見えるのだが、垂れ込めた雨雲で島は見えなかった。

不思議な光景だ。海の上を渡っている気がする。突然海が割れ、一本の道が海上に現れたかのよう。出エジプト記14章21節に「モーセが手を海の上にさし伸べたので、主は夜もすがら強い東風をもって

砂の土手にデュネグラースがゆらぐ

Sylt

リスト北のケーニヒス湾

ハイデ草の密集地

リスト西、ドイツの最北端

リスト半島の先端

自然保護地区の看板

デュネグラースの脇に咲く草花

海を退かせ、海を陸地とされ、水は分れた。」とある。まるで聖書の一場面のような光景。雨は止んで西の空にどんより雲が垂れ下がり、折しも雲間から夕日の光線が海へ落ちている。神秘的とはこんなことをいうのであろうか。実に不思議な体験だった。

ヴェスターラントのカヴァレット

ズュルト島は錨のような形をしている。南北に約三十五キロメートルと細長く、東西の幅は約一キロメートル、真ん中が陸とつながるように突き出し、電車の終点ヴェスターラントは南北の丁度真ん中に位置している。ヴェスターラントに着くと車は誘導されて次々と電車から降りていった。乗るときも降りるときも実に手際がよい。ヴェスターラントは島の中心なので部屋数百近いホテルもあるが、ズュルトの高級ホテルは四十室ほどの小規模なものが多い。ほとんどが顧客で成り立っており、いわゆる一見の客はなかなか泊まれない。私はヴェスターラント北隣の町ヴェニングシュテットの新しいホテルに泊まった。海岸より一つ道を隔てているが風が強く、ホテルの玄関は二重ドアになっている。

「今晩はカヴァレットにいらして下さい。あとで局長が迎えに来ます。私は明日ズュルトをご案内しますが、何か特別な希望はありますか？」と言うので「干潟歩きは可能ですか」と聞くと、「じゃ、それも調べておきます」と言ってクリスティーナは帰っていった。

ズュルト観光局長のテッドター氏とは初対面だった。物静かな人だが、かなりお洒落な格好でやって来たので面食らった。カヴァレットはヴェスターラントに造られた仮設劇場で、それは空洪の側にある。島に定期便は飛んでいないが、ベルリンやミュンヒェン、デュッセルドルフなどからチャーター便が、あるいは自家用飛行機が飛んでくる。いかにも高級保養地ズュルトらしい。ミュンヒェン近

ズュルトのレストランもみな茅葺き屋根

どの家も自主的に茅葺き屋根にしている

郊のシュタルンベルガー湖畔、あるいはズュルトのカムペンかと言われているように、ここはドイツ中の金持ちが集まるところだ。

劇場は既に満席だった。席はテーブル付きで、二人用から六人用まで様々。私たちのテーブルはリザーブされていた。よく人を見て町が判るというが、本当にそうだ。ここに来ている人たちはドイツ各地、あるいはヨーロッパから集まった金持ちなのだろう。着飾った男女のペアが多く、それは大都市のオペラ劇場にやって来る人々ともまた雰囲気が異なる。華やかで自信に満ちた人たち、外に止まっていたベンツのオープンカーなどで乗り付けて来る人たちだ。場内にはそれでも後方にテーブルなしの席が何列か設けられ、年輩のカップルがおとなしくショーの始まるのを待っている。前方の客とは対称的な光景だった。

ショーは、ベルリンで活躍している女性二人のトークショーが中心で、彼女たちはテレビにも出演している売れっ子たち。そんな一流エンタテイナーを呼べるのもズュルトだからであろう。毎年六月から九月の初めまで、ここに仮設劇場が建てられ、着飾った保養客たちが憩いを求めてやってくる。

ズュルトの南

翌朝九時にクリスティーナがやって来て、「ヴァッテンメーア（干潟）に入れますよ。二時にインストラクターと約束しました」とにこやかに報告してくれた。昨日と打って変わって今日は良い天気。まずは南へ車を走らせる。ズルトの南は狭い所だと幅五百メートルしかない。海に沿って細い自転車道がめぐり、島の中央には幅の広い道路が走っている。すぐに先端のヘアヌムにたどり着いてしまった。このあたりは強烈な西風のため腰の曲がった松の木が多く、どれも東になびいている。

ズュルト島最南端からノルドゼーを眺めているうち、ふとシュテルテベッカーを思い出し、彼はズ

今や全ドイツに見られる魚介類のレストラン「ゴッシュ」は、ここリストから誕生した

ズュルトにもやって来たのか尋ねてみた。

「シュテルテベッカーも、他の海賊たちも来ていません。ズュルトは貧しい島でしたから。逆に、海岸に難破船がたどり着いたとき島の住民が彼らの船から物を盗みました。近世になっても迷い船を襲う島の盗賊たちが後を絶たなかったので、ずっと沿岸警備隊が配置されていたほどです」

そんな貧しい時代があったとは想像し難い現在の島である。ヘアヌムには貸し別荘が多く、長期滞在者がたくさん来ている。丘の上には見事な住宅地が出来上がり、その半分は貸し別荘。どの家も似たような造りだが、ほとんどの家がフリースラント様式の茅葺き屋根で建てられている。法律があるわけではなく、住民の多くが美観を意識し、ズュルトの伝統を守ろうとしているのだ。

北に戻るとき、両側に見事な荒れ地が現れ始めた。低い草地にときおり紫の花が一面咲いている。ハイデ草だというので車を止めて写真を撮ろうとした。リューネブルガーハイデのハイデ草よりずっと背が低く、むしろ地面に這いつくばるように咲いている。この自然はすごいなぁ、と感心してどんどん中に入っていくと後ろからクリスティーナが、

「フラウ・オキシマ！　ハイデの中に入ってはいけません！」と叫んだ。慌てて写真を一枚撮ってから車に戻ると、「ズュルトは五十パーセントが自然保護地区なので立入禁止の箇所がたくさんあって、やたらに入ると罰金を徴収されるんですよ」と教えてくれた。そのため遊歩道が完備しており、荒れ地の中にも散歩道が造られている。

ズュルトの東

車はヴェスターラントに戻り、道を折れてズュルトの東に向かった。昨日乗った電車の線路に沿って最初の駅モアズムを通過した。この辺りは畑が多く、羊も放牧されている。モアズムには　ズュル

ト最東端の家〟があって、そこはホテル&レストランになっている。周囲はザルツヴィーゼ（塩草原）というから海水の湿地帯なのだろう。

「ズュルトに昔の風車は残っていないのですか」

「最初から風車はありません。ここは風が強くて農業に適しません。多少の穀物はこの辺りで育ちましたが、それは手作業で十分でした」

確かに風が強い。島全体に一年中西から強い風が吹きつけている。そのため呼吸器系の疾患治療に効果的な土地で、療養地や保養所としても人気がある。ズュルトは最北だが海流の影響で気候が良く、冬場は南ドイツよりずっと温かい。雪も滅多に降らず、降っても積もることはない。冬場は人々が避寒のためやって来るので、ズュルトは一年中活気がある。

昨日渡ったヒンデンブルク・ダムまで行ってみた。良い天気だったので対岸の陸地が見える。ズュルトの人たちはインゼル（島）に対して大陸のことをフェストラント（固定された土地）と呼んでいる。ヒンデンブルク・ダムの建設によって島は陸とつながった。その土手はこれまでに三回も嵐で破壊され、大規模な補修工事が行われた。波による浸食も進み、毎年一メートルから場所によっては五メートルも陸地が後退していくので対策に苦労している。輸送手段が鉄道のみのため、ズュルトの物価は高い。何故フェリーがないのかと聞くと、大量の人や車が入ってくると島の自然が損なわれるということもあるが、本当はドイツ国鉄がそういう約束を取り付けて鉄道を敷いたらしい。

カムペン

さてこれからいよいよ北側へ。ズュルトは北が面白い。カムペンは金持ちの代名詞のようになってしまったが、確かにここは高級別荘地。乗馬クラブが二つもあり、通りには家具店や宝石店など、お

ドイツ最北端、リスト西の燈台

よそ保養地とは縁のなさそうな店が並んでいる。

「今日は少ないけど、普段はポルシェやフェラーリなどが道にずらりと止まっているんですよ」

昨夜の劇場で前の方に座っていた人たちも、この辺りからやって来たのだろう。

「カムペンにいる人たちのことをシキ・ミキって言うんですよ」

「え？　なんですか、それ」

「Schicki, Mickiと言ってね、〃見て、見られる人たち〃、つまり〃お洒落な人を見に来る人〃で、自分もまた〃見られるに相応しい人〃のことです」

「何でシキ・ミキと言うのですか」

「シキはシックから、ミキはMichaelという人名からきていて、多分ミッキーは着こなしが上手くてお洒落に関心があったのでしょう。〃シックな着こなしのミッキー〃といったところかな」というわけである。面白い言葉を一つ教わったものだ。

私たちはカムペンのはずれにある「フォーゲル・コイェ」というレストランに入った。「鳥の寝床」という意味で、かつてここが鳥の寝小屋をこしらえてカモを捕まえていた場所だったことに由来している。海のすぐ近くだが、木立に囲まれた茅葺き屋根の邸宅風レストランで、こんな場所ではもちろんガーデン席に座るのがよい。ノルドゼーで捕れた白身魚のアラカルトを注文した。

干潟に入る

ちょうど二時になったのでレストランを出る。干潟を歩くことになっているが、一体どうやって歩くのか興味深々だった。レストランを出るとすぐ、海岸の道に男の人が立っていた。その人はシュミットさんといって、ズュルト自然保護観測所の人だがインストラクターも務めている。クリスティーナは自分のと私に貸す長靴を車から取りだした。分厚い靴下も用意してあったが、それを履いても彼女の長靴はまだ私の足に大きかった。「大きい長靴は危険なんだが……」とシュミット氏。

見事に潮が引き、見渡す限り干潟が広がって海水は見えない。ズュルトでは西側のノルドゼー海岸に遠浅はなく、フェストラントに挟まれた湾のような東側に浅瀬が広がっている。そんな好条件からヒンデンブルク・ダムが建設された。私たち三人以外は誰もいなかった静かな浜に、急に二十人ほどのグループが現れ、インストラクターらしき人を囲んで賑やかな輪を作った。「あちらも干潟ウォークのようですな」とシュミットさん。「自分たちだけで勝手に歩けないのですか」と聞くと、「海岸に沿って歩くだけなら問題ありません。一人で奥まで行くのも禁止されていませんが非常に危険です」と言う。干潟が危険なんて聞いたことがない。しかし、ズュルトでは天候が変わりやすく、たった今晴れていても三十分後には霧が発生して辺り一面ミルク色に変わってしまう。そうなるとどこが陸だか判らなくなり、また潮が満ちるのは速いため、事故が起きやすいとのことだった。

インストラクターは何をするのかというと、安全な歩き方を指導すると共に、干潟の生態を教えてくれる。まず最初に教えてくれたのは、湿った砂浜に無数に空いた穴。よく見るとそれは穴ではなく、砂の上にとぐろを巻いたように積まれた黒い砂だった。「これ何だか判りますか？」と聞かれたがさっぱり見当がつかない。「これは全部ヴァッテンヴルムの糞です」シュミットさんは大きなシャベルを持っていて、砂を掘り出した。すぐに赤い大ミミズのような虫が見つかった。「手を出してごらん」とシュミットさんがその虫をつかんで渡そうとする。強く断ると、クリスティーナの手のひらに乗せた。赤い虫は彼女の手の上で体をくねらせている。何故みんなこういう生き物を平気で触れるのだろう。アレニコラ・マリナという名前だそうだが、ヴァッテンヴルム（干潟虫）と呼んでいる。ゴカイの仲間だ。砂を食べてそのまま排泄するため糞がそこら中に積もり、遠くから見ると砂浜一面に穴が空いているように見える。「浜辺の砂はこの虫に食べられることによって浄化されるんです」とシュミットさんは虫の糞を手に取り、「清潔でヨードをたっぷり含んだ砂は美容にいいんですよ。顔に塗りましょう」と本当に塗ろうとする。激しく断ると、クリスティーナの顔に塗った。

体験したい湿地ウォーク

海へ向かってどんどん進んでいくと、次第に水たまりが多くなる。海藻が浮いている。「この下には必ず蟹がたくさんいるんだよ」。シュミットさんが海藻を持ち上げると、本当に十～二十匹ほどの小さな蟹があわてて逃げ出した。大きな蟹はゆうゆうその辺を歩いている。黄色い体の蟹がいた。珍しい、と思っているとシュミットさんは捕まえるやいなやいきなり体を二つに割って殺してしまった。「黄色い蟹は病気です。あと二日もたてば死んでしまう。それを鳥が食べると鳥も死ぬ。だからこうして自然保護観測所の職員は毎日海に出て干潟に悪影響を及ぼすものを取り払っていきます」

結構沖まで来てしまった。カキの養殖を見せてあげると言って、今度は水たまりを浜に平行に歩いた。ここまで来るとさすがに地盤が軟らかく、足が湿地にはまってしまう。ブカブカの長靴は乾いた地面を歩くのに支障なかったが、ここでは脱げてしまうし、水たまりに深くはまって抜くのに力がいる。危険とはこういうことで、水たまりで転んで時には骨折することもあるという。本当に一人では

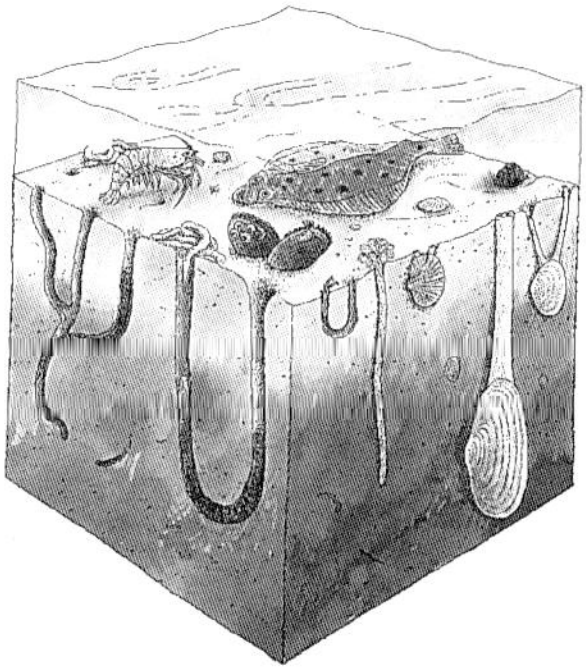

湿地ウォークをすると、
海の生き物に出会える

クラップホルッタルの浅瀬

Sylt

ズュルト南のヨットハーバー

網にかかったカレイ

波の浸食はこうして防ぐ

牡蠣の養殖棚

砂浜を掘るシュミット氏

ヴァッテンヴルムを手にする
クリスティーナ

ヴァッテンヴルムの糞

歩けないほど湿地にはまってしまい、とうとうシュミットさんが手を貸してくれた。カキの養殖所まで何とか歩いていく。「このカキは日本から持ち込まれ、日本の技術で造られた養殖所です」規模は小さいが、日本のカキのように大きな貝が棚にたくさんあった。ドイツ本来のカキは小さすぎて食用に向かない。

浜と平行に歩いているうち、いつの間にか潮が満ちてきて、海はもうそこまで来ていた。「そろそろ戻らないと危ない」と、シュミットさんは向きを変える。浜に向かっていると砂が硬くなり、歩きやすくなった。まだ乾いている砂浜では相変わらずヴァッテンヴルムの糞が無数に散らばっている。それは規則的で、なにか美しい模様が描かれたよう。なにもかも自然のままのノルドゼー。人の手が加えられたとしてもそれは自然を保護する手段としてのみだ。

風が聞こえる。鳥の声も。そして遠くで波の音がする。こんなに美しい干潟を、何故人は埋めるのだろう。有明海のことが頭に浮かんだ。水門を開けることも検討されているようだが、たとえ埋め立てが中止されても元の干潟に戻るまでどれ程の時間と労力が必要なことか。

ノルドゼーには、オランダからデンマークにかけて沿岸約五百キロに渡って浅瀬がある。この間に位置するドイツでは、オストフリースラントとノルトフリースラント沿岸に五十近い島があり、砂州もあるためアザラシの生息地になっている。干潮時には七十七万ヘクタールという広大な干潟が顔を出す。ドイツのみならずオランダでも干潟ウォークが盛んで、インストラクターたちはみな一年先の予約で埋まっているという。早くから干潟観察と保護に取り組んできたドイツでは研究者やインストラクターの数も多く、初心者コースは今回のように突然申し込むことも可能で、またテーマ別に歩く講座も各地に設けられている。フリースラント沿岸の町ではどこも潮のカレンダーを作っていて、これによって年間の干潮と満潮の時刻が判る。旅行者が本格的に〝湿地をハイキングする〟のは困難かも知れないが、ノルドゼーに来た時はちょっとでもいいから〝シッチハイク〟を試みてみたい。

ドイツの北の果て

　三時間ほど海にいたらしく、もう五時を過ぎていたが太陽は相変わらず頭の上にある。北欧に近いズュルトでは、日没は十一時頃。今歩いたのはクラップホルッタルの海で、これからズュルト北部のリストに向かう。ズュルトはデンマーク王によって支配されていた時期があるが、リストではドイツになってても長いことデンマーク語が使われていた。リストの北にある湾はケーニヒスハーフェン（王の港）という名だが、これは一六四四年にデンマーク王クリスティアン四世に因んで付けられたもの。今もズュルトでは毎日夕方六時のニュースはドイツ語とデンマーク語で放送される。

　さて、いよいよドイツ最北端の地、エレンボーゲン（肘）という文字通り肘の曲がった形で東に突き出した半島へ向かう。リストには港と反対の丘陵地にシュトラントタール（海岸の谷）と呼ばれる見事な荒れ地がひろがっており、そこはほとんど砂漠に近い。ノルドゼーの海風はこんなにも過酷に吹き荒れるのか、とその凄まじさを知る思いだった。

　エレンボーゲンの入り口で車が止められた。ここから先は有料道路だ。車一台につき八マルクという決して高くない料金だが、ドイツで有料道路というのは珍しいので訳を聞くと、ここは私有地なのだそうだ。デンマーク領土時代からの所有者がいて、今やその相続者は三十人にも達している。エレンボーゲンは彼らの共同管理下にあり、海岸の美観を保つために通行料を徴収している。このお金は道路整備のほか、海岸のゴミ拾い、設置したトイレの清掃など、様々な費用に充てられる。

　エレンボーゲンには二つの燈台がある。最初に見えるのが「リスト西」、半島の先端にあるのが「リスト東」という単純な名前。「ドイツ最北の地に立ってみたい！」と言うと、それなら、とクリスティーナは「リスト西」燈台の先で車を止めた。ここのノルドゼー側がドイツで一番北にあたる。駐

Sylt

ズュルトの南、ヘアヌムの別荘地帯

車できないので彼女は降りずに待っていた。ノルドゼーに出るには、通称デュネグラース（荒れ地の草）と呼ばれる丈の高いぼうぼうの草をかき分けて行かねばならない。やっとの思いで浜に降りた。ここが最北端！　念願叶ってたどり着いた〝ドイツ最果ての地〟だった。

車は更に東へ走る。右にはケーニヒスハーフェンが、左にはノルドゼーが見え、海に挟まれた荒れた大地の真ん中を真っ直ぐに道が延びている。荒涼とは、こういう風景のことを言うのであろうか、家も何もないただ荒れた大地が遠くまで広がっている。東の端には駐車場があったのでクリスティーナも一緒に降りた。ノルドゼーを見ようとして土手を上がろうとしたが、砂が崩れて滑ってしまい、少しも進まない。靴の中が砂だらけになりながらやっとの思いで土手に這い上がった。風が強過ぎたので浜に出るのを諦め、またずぼずぼと砂の土手を戻った。ケーニヒスハーフェンにも行ってみようとクリスティーナに誘われ、今度は反対側の浜に出る。こんなに細い陸地はそのうち両側から浸食されて消えてしまいそう。ケーニヒスハーフェン側は風がなく、波も穏やかだった。波打ち際に綺麗な貝殻がたくさん落ちている。ブルーの美しい貝は何かと思ったら、色の抜けたカラス貝だった。拾おうとして初めて海に手を入れ、驚いた。塩気がない！　そんなことはないのだろうが、真水のようにサラサラした海水だった。北ドイツの海、すべて何かが違う。

これもドイツ

晩にテッドター氏がやって来て、ヴェスターラントのレストランに連れていってくれた。石垣で囲まれた低い塀はフリーゼンヴァル（フリースラントの塀）といって、石を積み上げて上に土を盛り、そこに花を植える独特の塀である。花は海風に強いものが選ばれ、どの塀にもピンクの花が植わっている。テッドター氏が、

「この花はヘッケンローゼ（垣根のバラ）と言いますが、最初はカムチャッカローゼと呼ばれていたんです。ナチの時代にズュルトは海軍の拠点となり、時の将校がロシアからこの花を持ってきました。海風に強い花だったのであっと言う間に繁殖し、島中に広がりました。最初住民はこのロシアの花を嫌っていましたが、今やどの家にもあります」と説明した。レストランは古い館を改造した茅葺き屋根の家だった。これまでリゾート地の海岸に並んでいたベーダー・ゴーティッシュと呼ばれる白亜の館はズュルトに見られず、高級ホテルやレストランはどこも茅葺き屋根を使ったフリースランド風の建物になっている。テッドター氏は、昨日はカヴァレットに行くからお洒落して来たと思ったが、今日も粋な格好をしている。ズュルトでは観光局長ともなるとシキ・ミキであらねばならぬのか。

「ズュルトは如何でしたか」

「なにもかもが印象的でした。ハイデ草が地べたを這うように咲いていました。荒れ地の中では砂漠にいるようでしたよ。こんな光景は初めてです。ここがドイツとは思えません」

「これもドイツです」とテッドター氏は微笑んだ。

海の香りがする魚介類の料理が運ばれてきた。ノルドゼーの人々は海と共に生きている。海を知るために北ドイツの学校では海に入り、子供たちに海を教えている。海と言う字の中に母がある。海は生き物の母、全ての生命の源ではないだろうか。シュミット氏と過ごしたほんの数時間の湿地ウォークが無性に懐かしく、つい先ほどのことなのに何故かずっと過去のように思える。

かすかな食器の音、グラスを交わす心地よい響き。周りの人々の静かな会話。

ふと耳を傾けると、先ほどから低い音で流れていた曲は『ムーンライト・イン・ヴァーモント』だった。珍しい男性ヴォーカルで、そのことが一層このレストランの雰囲気を高めていた。ドイツのレストランでジャズ・ヴォーカルを聞いたのは初めてだ。何もかもどこか異っている。ここは本当にドイツなのだろうか。そう、これもドイツ。こんなドイツもあるのだ。

iel～Norderney

中世から同じやり方で操業を続けるグレートズィールの漁船

Norden～Gree

ノルデン～グレートズィール～ノルダナイ島

紅茶の香るオストフリースラント

ニーダーザクセンの北海へ

北ドイツにはズュルトの他にもう一つ、いつか行ってみたいと思い続けてきた場所があった。それはオランダに近いグレートズィールである。非常に行きにくい場所なのでなかなかチャンスがなかったが、今回ドイツの海をテーマに選んだとき、実は真っ先に浮かんだのがグレートズィールだった。古い漁船が並ぶ中世の港と二つの風車があるグレートズィールは、ズュルトの高級で垢抜けた雰囲気とは正反対。電車も通っていないほど辺鄙な村である。

グレートズィールへ行くにはノルデンを拠点にするのがよい。ズュルトから北海沿岸のノルデンまでは約七時間かかるため、この日は鉄道を乗り継いでほとんど一日電車に乗っていた。ハンブルクで乗り換え、ブレーメンでまた乗り換える。ブレーメンからは各駅停車に乗って一路西へ、そしてレーアから列車は北へ上がる。

ブレーメンからずっと満席に近かった電車も、オルデンブルクで空席が目立つようになり、レーアを過ぎると車両には私一人になってしまった。車窓を眺めているうちに眠ってしまったらしい。ハッと目が覚めたとき、時計はノルデン到着予定時刻を少々過ぎていた。しまった、乗り越したか！　と慌てて荷物を棚から下ろす。列車は徐行しており、駅に入るところだった。もしかしたらここがノルデンかもしれない、と荷物をひきずりながら車両の通路を走った。ちょうど高校生くらいの男の子が降りようとしていたので「ここは何処？」と焦って尋ねると、「マリーエンハーフェ」とぼそっと答えた。「ノルデンは過ぎた？」と聞くと、「次の駅ですよ」と今度はニコッと笑ってくれた。安堵感から一度に汗が出る。次の駅までここに立っていよう。

列車は停まり、男の子は降りていった。マリーエンハーフェとか言っていたっけ。待てよ、マリー

ノルデンの教会は低い塔が別に建っている

エンハーフェ……？　またもや慌てて駅名を確認した。マリーエンハーフェ！　確かにそう書いてある。リューゲン島のヴェンツェルさんが言っていたマリーエンハーフェとはここなのか。いや、そんなはずはない。あれは北欧のどこかの町。海の向こうと言っていたもの。それにしても同名の駅がこれから行く町の一つ手前にあるなんて。それとも私はまだ夢を見てるのだろうか。

ノルデンに着くと、スティープニィさんという年輩の女性が駅で迎えてくれた。彼女はガイドさんでなく、ノルデン観光局の職員だった。駅からホテルへ向かう途中、大きな風車が二つもあるのを発見。驚き感激していると、スティープニィさんが「ノルデンには三つ風車があるのよ」と教えてくれた。ホテルへはすぐに着く。明日はノルデン市内観光、二日目はグレートズィール、三日目に東フリースラント諸島の一つ、ノルダナイ島へ行くことになっている。スティープニィさんはスケジュールを説明すると「じゃ、明日ね！」と帰っていった。

ノルデンの風車とマルクト広場

翌日、最初にスティープニィさんと町外れの二つの風車へ行った。風車はグレートズィールにしかないと思っていたが、この地方には結構残っているらしい。小川の畔に国道を挟んで、今は役目を終えた二つの風車が立っている。何故グレートズィールの風車が有名なのかを聞くと、〝双子の風車〟と呼ばれていて、同じ形の風車が並んで建っているためとても可愛いのだそうだ。風車は近くで見ると本当に大きい。風車のてっぺんまでは二十七メートルもあり、建物では五階ほどの高さになる。そこに直径二十三メートルの羽が付いていて、これがぐるぐる回っていたのだから壮観だったことだろう。国道の交差点にある『ダイヒミューレ』はティーハウス。小川の畔にある『フリーズィアミューレ』は小さな「貝殻博物館」になっている。

道を戻って今度はマルクト広場へ。昨夕ここへ散歩に来たときは殺風景な広場だったのに、今日は花市が立って大変美しい。毎週土曜日の午前中に花市が立つそうだ。広場に面したルドゥゲリ教会は十三世紀に創建された煉瓦造りの建物で、変わっているのは鐘楼が別に建っていること。昔は海だった場所なので地盤が軟らかく、当時の技術では教会の上に高い塔を建てることができなかったためである。この教会はシュニットガー作のオルガンがあることで知られ、そのため定期的にオルガンコンサートが開かれている。

マルクト広場の十六世紀に建てられた旧市庁舎は現在郷土博物館。この博物館を訪れるとノルデンやオストフリースラントの商業・手工業の歴史、生活文化などが分かる。オストフリースラントとはニーダーザクセン州の北海沿岸地方の呼び名である。館内には錫製造業者や染め物屋、靴屋、魚の網を造る仕事場などが再現され、展示物ではこの地方独特の絵柄が描かれたタイル、古いランプや時計、デルフト焼きの竈などがあった。ドイツ北西部という位置から、オランダ文化の影響を受けたもの、あるいはオランダから入ってきたものが目に付く。

オストフリースラントの茶博物館

郷土博物館と入り口を同じにする隣の建物はヨーロッパでも珍しい「茶博物館」。個人趣味的な小さな博物館を想像していたら、なんのなんの、部屋数も多く内容も豊富でかなり充実した博物館だった。オズワルド・フォン・ディープホルツという人のコレクションをもとに一九八五年にオープン。マイセンなどヨーロッパの名窯をはじめ、中国や日本の古い茶器など、まるで大都市の工芸美術館に陳列されているような価値ある陶磁器が見られる。

ヨーロッパのお茶の歴史は一六一〇年、オランダ商人によって中国から緑茶が運ばれたのが最初

TEE
Weref Tee
RIQUET THEE

DOORNKAAT's TEE
Doornkaat Aktiengesellschaft
Norden in Ostfriesland
Bünting
Blatt-Mischungen

ノルデンの紅茶博物館

アザラシは7月から8月にかけて、潮が引いた沖合の砂の上で生まれる。生まれたときの体重は7〜15キログラム、身長80センチほど。

アザラシは30〜40歳まで生きることができ、体重は100キログラムまで達する。繁殖期は八月で、母親の胎内にいる期間は11ヶ月。1年に1度のお産で生まれる子供は1頭のみ。アザラシの天敵は鯨。しかしそれ以上に海の汚染と大量漁業による魚の減少がアザラシの生態系を変えようとしている。現在ノルドゼーには約8000頭のアザラシが生息し、ニーダーザクセン州沿岸の海だけでも約2500頭が確認されている。

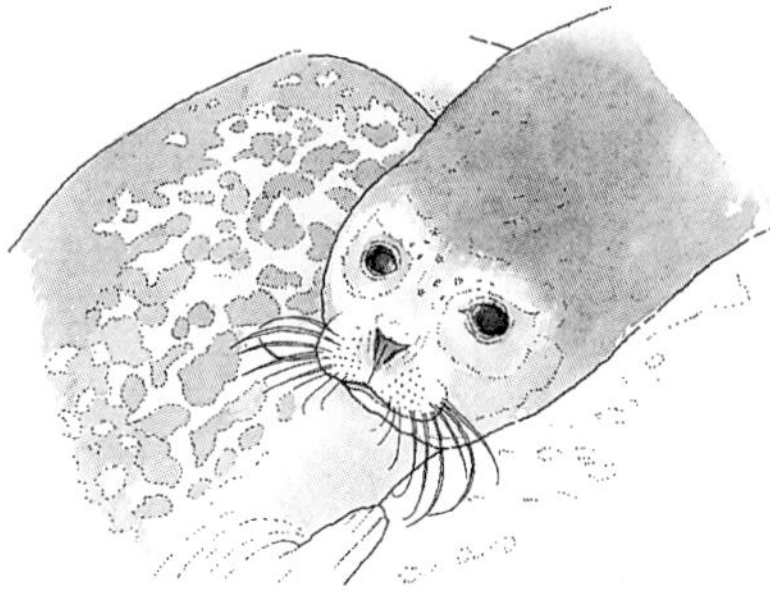

で、この地方はオランダと国境を接していたのでお茶の文化が早く伝わった。そのため緑茶の方が紅茶より早く持ち込まれた。館内にはヨーロッパのティーカップと同じくらい日本や中国からの茶器が多い。オストフリースラントの伝統的なティーセットもいくつかあった。この地方の伝統的図柄はピンクのバラ。あまり趣味が良いとは思わなかったが、どんより曇った日が続く冬場は、これくらい鮮やかなティーカップを使った方が良いのかもしれない。

二階の奥に日本の茶室が作られていた。明らかにドイツ人が作ったと思われる茶室で、侘び、寂びというものがまるでない。それどころか壁に富士山が描いてある。しかし茶の道具などは揃っているので、一応は立派な茶室と言うべきであろう。

「オストフリースラント地方では、コーヒーよりも紅茶を好みます。この地方に〝カフェー〟はなく、代わりに紅茶を飲ます〝テー・シュテューベ（お茶の部屋）〟と呼ばれる喫茶店がたくさんあります」

そういえば先ほどの風車も、カフェーではなくテー・シュテューベだった。ドイツ人はコーヒーが好きで、朝から何杯も飲むイメージがあるけれど、オストフリースラントではコーヒー・ブレイクではなくティー・ブレイクをするそうだ。

アザラシの飼育所

ノルデンは小さいけれどきれいな町だ。海が近いことを感じさせるショップが多く、土産物ばかりでなく日常品としてのマリーングッズも売られている。しかし教会と二つの博物館を見学したらもう訪れる所がない。

「もう一カ所、どうしても連れていきたい場所があるのよ」とスティープニィさんは車で海の方へ向かった。途中、彼女の言っていた三つ目の風車の前を通る。ここは『ヴェストガスターミューレ』と呼ばれるテー・シュテューベ。風車を過ぎた先の公園のような所で車を降りると、森林に囲まれた建物の入り口に「アザラシの飼育と研究センター」とあった。

「ここはね、ノルドゼー沿岸で見つかった迷子のアザラシを保護して育てているの。赤ちゃんアザラシは母親から離れると一人では生きていけないからよ」

お産による母アザラシの死でひとりぼっちになった、あるいは高波によって母親と別れてしまった子アザラシ、衰弱のため群れから離れたアザラシは一人で生きていくことができないので、見つけられたらこのセンターに連れてこられる。アザラシのみならずイルカや鯨の赤ちゃんも、見つかればここに保護され、元気になるまで、あるいは自立するまでここで面倒を見る。年間およそ五十頭ほどの迷子の赤ちゃんがここに連れてこられるそうだ。ノルドゼー沿岸には常に四十人ほどの職員が海岸を警備し、迷子の動物がいないか目を光らせている。このセンターには飼育係の他に獣医もいて、いつでも動物たちの変化に対応できるよう体制が整っている。

センターの役目

説明を聞いている間にアザラシたちがプールサイドに上がってきた。ガラス越しの人間を怖がる様子もなく、こちらを見ている。センターに来ていた子供たちがワッと集まってきた。ここは自然保護のあり方を子供たちに教える教育センターの役割も果たしている。平日は、授業の一環として遠くから見学に来る小学生たちが多い。いくつかに分かれた部屋では、アザラシ保護のため我々が気を付けねばならぬことが具体的に説明されている。捕まえたり傷つけてはならない、決められたコース以外をモーターボートで走ってはならない、海を汚してはならない、また波打ち際にいるアザラシを見つ

ノルデンの港。前方に緑のダイヒが見える

けたら、すぐ警察に通報することなど、色々な注意が写真やイラストで説明されている。

さて、病気のアザラシが元気になったら、あるいは赤ちゃんアザラシが十分ひとりで生きていくことができるようになったら、センターの職員たちはアザラシを元の海に帰してあげる。人間に慣れすぎても自立できなくなるため、三ヶ月以上センターで飼育することはしない。

「海の生き物コーナー」もあった。砂浜や浅瀬で生息する小さな生き物たちが水族館の中で飼われ、それは子供たちが手にとって触れるようになっている。低学年の子供たちはゴカイやヒトデなど、平気で手のひらに乗せている。感心していると、スティープニィさんはゴカイをつかんで「あなたも触ってごらんなさいよ」と渡そうとしたが、私はさわれなかった。

飼育センターを出てから、私たちは港へ行った。このあたりはノルドダイヒと呼ばれている。港の先端にノルドダイヒ・モレという鉄道駅があり、駅の真向いからノルダナイ行きのフェリーが出ている。ちなみにダイヒとは土手のことで、モレは防波堤のこと。このあたりは埋め立てられて堤防が造られたダイヒで、その突堤の駅がモレというわけだ。

「フラウ・オキシマ、あさってノルダナイ島へ行くときはここから船に乗るのよ。島へ渡るとき左側の海にずっと気を付けていなさいね。海水から現れた砂州にきっとアザラシがいるはずだから」

「ホントですか！　でもどうしてそんなところに？」

「今の時期は午前中が引き潮で、この辺は遠浅なのでかなり沖合まで潮が引きます。沖にいるアザラシたちは砂州に上がって甲羅干しをするのよ。でも午後になって島から戻るときは満ち潮だからもういない。ノルダナイとユィスト島の間に砂州がたくさんあるから左側の海を見てなさいね」

それは実に楽しみだ。この港からはノルダナイ島とユィスト島へフェリーの便がある。つい今しがた到着したフェリーから、たくさんの乗客と車がどっと出てきた。真っ赤に日焼けした子供たちの笑顔が印象的だった。

グレートズィールの港に
停泊する漁船

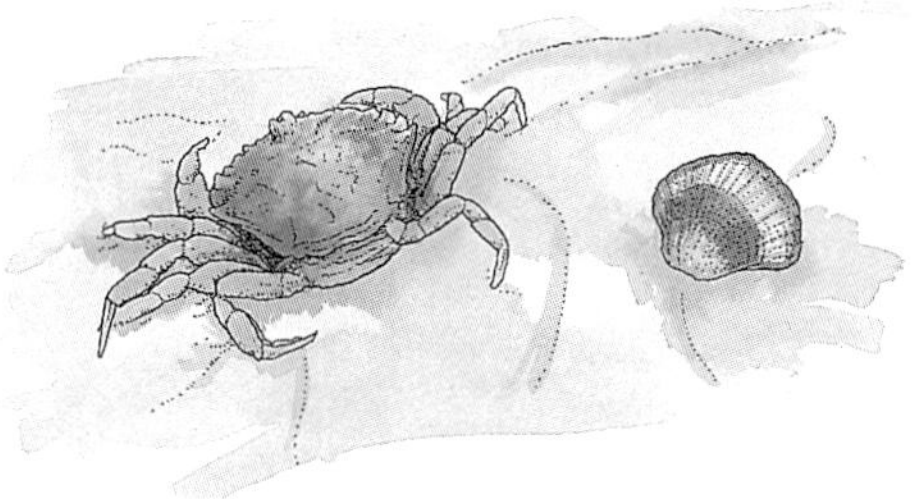

グレートズィール

ノルデン滞在二日目に念願のグレートズィールへ行く。中世の港があり、古い漁船が停泊しているという。今回ノルデンに来たのもグレートズィールに行くためだった。バスはノルデンのマルクト広場から出ている。町を抜けると海岸道路を西へ走り、しばらくしてから森に入る。森が切れると急に畑が広がり、のどかな田園風景に変わった。途中の細い道に十台ほど乗用車が停まっていた。バスは通ることができない。運転手がクラクションを鳴らすと、畑でイチゴを摘んでいた人たちがゆっくり戻ってきて車を移動させた。イチゴ摘みの人たちは急ぐ様子もなく、運転手はたしなめる様子もない。人々はみな、何てのんびりしているのだろうか。遠くで風力発電の風車が何基も回っていた。

グレートズィールに着くと、バス停でガイドさんが待っていた。彼女はヴードゥイン・フランケという名前で、変わったファーストネームはオランダ人とのハーフだから、と自己紹介する。そうだ、ここはもうオランダ国境に近い。ちょっと歩くと左手に風車が二つ並んで見えはじめた。あれが『グレートズィールの双子の風車』だ。嬉しくなって風車の方へ行こうとするとフランケさんが「風車は午後からゆっくり見学してください。私は二時まで町を案内します」と制止して反対方向に歩き始めた。小さな漁村と聞いていたが、北ドイツらしい煉瓦造りの家が多く、手入れの行き届いた民家が並んでいる。玄関先にもきれいな庭が造られ、田舎らしさは全くない。すぐにマルクト広場へ着いた。

息をのむ港の美しさ

「昔はここまで船が入ってきたのですが、このアルテス・ズィール（古い水門）が造られてから、こ

こは掘になりました」。煉瓦造りの水門は上を渡れるようになっていて、水門の上に市紋と建設年代の一七九八が浮き彫りになっている。

「この先が港です」

水門までくると急に視界が開け、その先に港があった。十五年ほど前に写真で見て、それ以来ずっと気になっていた港である。やっと実物を見ることができたのだが、感慨深いというよりも、全く別のものを見ている気がした。それは想像していたよりはるかに美しく、新しく、鮮やかだった。

「六百年前に建設された港です。常に補修工事が繰り返され、設備は近代化しましたが、今でも漁師たちは昔ながらのやり方で漁をしています」

「漁をするって、あの船で？　置いてあるだけではないのですか？」と驚くと、フランケさんは大きく首を横に振り、「ここは普通の漁港です。今日は日曜なので港には漁船が停泊しているけど、普段の日はみな漁に出ているので港は空っぽ。船を見られてあなたは運がいいのよ」と言った。

グレートズィールには現在二十八隻の漁船があり、二十七隻が芝エビ漁、一隻が貝漁の船。船は新しくなっているが操業方法は昔と変わらない。このタイプの漁船はヨーロッパでも珍しい。グレートズィールに漁港ができたのは一三八八年のこと。それ以来、漁村として何百年も昔ながらの方法で魚を捕り、静かに暮らしてきた。近代化の波がドイツ各地に押し寄せても、グレートズィールまでは届かなかった。オストフリースラントの中でもノルデンから西は鉄道が敷かれず、グレートズィールは発展が遅れた。そうして取り残されたことが幸いし、このような美しい港が保存されたのである。

ここにもシュテルテベッカーが？

港といっても川のようで、川岸に船が停泊しているように見える。港に沿った土手は一面草でおお

この舟は小エビ漁の舟

われ、赤や白の船体を際立てている。緑の土手が彼方まで続いているのが美しい。

「この土手には羊が放牧されているのだけど、今は姿が見えませんね。向こうのシュテルテベッカー・ダイヒにいるかもしれません」

「シュテルテベッカーですって？」この言葉を聞き逃すはずはない。何のことか尋ねると、単に土手の名前に付けられているが、勿論あの海賊にちなんでいる。

「シュテルテベッカーはハンザ船を襲ってものを奪ったリケデーラーなんです」

「リケデーラーってなんですか？」

「金持ちから物を奪って貧しい人々に分け与える義賊のことですよ」

フランケさんが語ってくれた内容はリューゲン島のヴェンツェルさんから聞いたものと大方同じだった。グレートズィールに拠点があったというが、その場所など具体的なことは何も判っていない。

私たちはひとまず港を離れて町を見学した。見学といっても、一四〇〇年頃に建てられた古い教会が一つ、小さなボトルシップの博物館が一つあるくらいで、大きな見所はない。しかしどの路地を歩いても、両側にはきちんと修復された民

（上）港の手前にあるマルクト広場
（右下）町名の起源となった水門（ズィール）
（左中）1696年に建てられたホーエスハウスは現在ホテル・レストラン
（左下）水門の前には煉瓦造りのショップやテー・シュテューベが並ぶ

家が並んでいる。貧しい漁村のイメージを抱いていたが、とんでもない、ちょっとした高級保養地といったところか。プチ・ホテルもいくつかあるので、こんなところに長く滞在してみたい。あっという間に一周して、最初の堀の前に戻る。

オストフリースラントのお茶

水門に面したズィール通りには大変可愛らしい、美しい家が並んでいる。ショップやレストランの間に普通の民家が混ざっているが、どの家も完璧に手入れが行き届いて美しい外観を見せている。

「これらは十七世紀のオランダ・ルネサンス様式です。ファサードがなんとなくオランダ風でしょ？　屋根飾りにヴォルーテンと呼ばれる渦巻き模様もありますね。ここで一休みしましょうか」と、フランケさんは「ポッピンガス・アルテ・ベッカライ」というテー・シュテューベに案内してくれた。

「今からオストフリースラント式ティー・セレモニーをしましょう」

フランケさんは何種類もある紅茶の中から、三つを選んで注文した。シュヴァルツァー・フリーゼとブロッケン・ジルバー、そしてビュンティング・グリューンパックという種類である。いずれも馴染みのない名前だったが、この三種類が純粋にオストフリースラントの伝統的な紅茶で、この地方で最も好まれているそうだ。運ばれてきた紅茶は、昨日ノルデンの紅茶博物館で見たバラ模様のティーカップに入っていた。

「これはフリーズィッシェ・ローゼといって、フリースラント地方で生まれたバラの模様なのよ。当時の窯元はチューリンゲンにあったけど、勿論今はオストフリースラントで造られています」。最近の図柄の方が、博物館で見たオリジナルよりずっと垢抜けている。

「まず、オストフリースラントのティーにはカンディスを使います。この地方の方言でクルンチェと

呼んでいますが氷砂糖のことです。これはかき混ぜてはなりません。次にミルクはピッチャーから直接入れるのではなく、このスプーンでいれること。このようにそおっと入れると、ほら、下の方から雲のようにミルクが湧き出てくるでしょ？　そしてバラの花のようになります。オストフリースラントの人々は、まずこのミルクのバラを楽しみます。バラが消えていくとミルクが混ざり、カップの下の氷砂糖もだんだん溶けてくるので、ゆっくり飲み始めます。あなたもやってごらんなさい」

教えられた通りに氷砂糖を入れ、スプーンでミルクを入れる。流し口のついたティースプーンを見るのは初めてなので珍しがっていると、

「このティースプーンはこの地方独特のもので、他の地域では売っていませんよ」と言うので、ノルデン滞在中に買ってみようと思った。ミルクのバラが消えたので飲んでみると、ちっとも甘くない。

「全然甘くないんですけど」と言うと、

「オストフリースラントの人々は紅茶のことを『上は苦く、中はミルキー、下は甘い』と表現します。カップの中では三つの層ができ、それぞれに異なる味です」

つまり全然混ざっていないのだ。今はどこのテー・シュテューベでもティースプーンが付いくるので混ぜて飲む人が多いが、本格的な飲み方は絶対に混ぜないこと。紅茶は大体ポットで出てくるので、二杯目、三杯目となると氷砂糖も溶けだして甘い紅茶となる。おかしな飲み方だが、これが伝統的なティー・セレモニーなのだそうだ。

紅茶は三種類あった。フランケさんが好きなのはグリューンパック。一八〇六年に設立された、オストフリースラントで最も古いビュンティング社の紅茶である。私にはシュヴァルツァー・フリーゼを勧めてくれた。ベーレンツ社のもので、ノルデンのベーレンツ家が代々インド、アッサム地方から紅茶を輸入し、ベーレンツ独自の処方で色の濃い、強い紅茶を創り出している。もう一つ味わってみたのは、エムデン（オストフリースラント地方の都市名）の小さな会社がアッサム地方から輸入して

（左）ティー・セレモニーが始まる
（右）白地にブルーの模様は新しいオストフリースラント陶器のパターン

いるブロッケン・ジルバー。これは何種類かの葉を混ぜたミックスティーだった。紅茶の味の違いをどう説明すればよいのだろうか。それぞれに香りが高く、いかにも高級な味をしている。しかしそれぞれの違いを述べるとなると表現し難い。まろやかとか風味があるとか、あるいは渋い、重い、強い？　紅茶通の方は是非オストフリースラントへやって来て色々味わい、この違いを教えてください。

テー・シュテューベを出て隣の店へ入る。紅茶の専門店で、お茶と一緒にティーカップやティーポットも売られている。白地にブルーの模様はオランダの影響を受けたもので、ピンクのバラと並んでこれもオストフリースラントの伝統的な陶磁器模様。濃いブルーのテーブルクロスの上でとても美しい。窓辺では瀬戸物で作られた可愛い魚やヒトデたちが網に掛かっている。それがなんとも粋なのだ。ここは北ドイツの小さな漁村だというのに、どうしてこんなにセンスがよいのだろう。

双子の風車を訪ねる

フランケさんとは二時までという約束なので、そろそろ時間になった。

「風車のところまで送ってあげるわ」と、午前中に来た道を戻る。一つ目の風車の近くに〝クラウス・シュテルテベッカー通り〟と〝リケデーラー〟と書かれた看板のある路地を見つけた。驚いて「ここがシュテルテベッカーの拠点だったのですか?!」と叫ぶと、「これは単に通りの名よ。ゲーテと何も関係のないゲーテ通りがドイツにはたくさんあるじゃない。看板も単に奥にある店の宣伝

特製ティースプーンで上手にミルクを入れると、本当にバラが咲いたようになる

小川から眺める双子の風車

よ」とのことだった。私たちはグリーンの風車の前で別れた。

一つ目のグリーンの風車は、テー・シュテューベになっていた。通りからは覗けないので、二つ目の風車へ向かう。川の側にある赤い風車は四本の羽がぐるぐる回っていた。入り口には「風車博物館」と書かれ、一階が小さなレストランになっている。博物館とはなんだろう、と入ってみると、中でゴロゴロと大きな音をたてて粉を挽いている。羽が回っているのはこのためで、風車の実演を見せた博物館だ。挽きたての小麦や穀物がグラムで売られ、レストランではこの粉で焼いたパンを売っている。梯子のような階段をよじ登って上階に行くと、昔の粉ひき道具などが展示されていた。風車の上は思っていたより高い。遠くまで畑が広がっているのがよく分かる。ここの風車は二つともバルコニーが付いていて、外へ出られるようになている。立ち入り禁止だったが館内の人の説明によると、こうしたタイプの風車のことをこの地方で「ガレリー・ホレンダー」と呼んでいる。ガレリーはバルコニーのこと、ホレンダーはオランダのことだが、バルコニー付きがオランダ風というわけでもなく、名前の由来は判らないと言っていた。

ノルデンに戻って

日曜なので、ノルデンとグレートズィールを結ぶ路線バスは二往復しかない。乗り遅れたら帰れないので、急いでバス停に戻る。本当に辺鄙な所なのに意外と観光客が多く、バスはほぼ満席だった。ノルデンに戻ったら、なんとスティープニィさんがバス停に来ていた。買い物に出たらちょうどバスが帰ってくる時間だったので来てみたそうだ。

「スティープニィさんはシュテルテベッカーのことをご存じですか？」

「ええ、もちろん。あなたこそよく知ってるわね」

「知らなかったんです。でも今回、北ドイツのあちこちで彼の名前を耳にしました。凄まじい死に方をしたのですね。グレートズィールに拠点があったって本当ですか？」

「シュテルテベッカーの拠点なら隣のマリーエンハーフェよ」

「隣の？　あのマリーエンハーフェが?!」なんとしてでもそのマリーエンハーフェに行きたいとせがむと、彼女は暫く考えてからこう言った。

「明日一緒に行きましょう。ノルダナイから早めに戻りなさい。三時に島を出る船に乗れば四時には戻れます。私が港まで車で迎えに行きましょう」

来るとき、慌てて降りようとした駅がマリーエンハーフェだった。同名の駅があるものだな、と思っていたが、まさにそこだったなんて。絶対行くことなんてないと諦めていた町である。果たしてヴエンツェルさんの言っていたマリーエンハーフェがそこなのだろうか。私の心はもう、ノルダナイ島よりマリーエンハーフェに移っていた。

保養施設クアハウス

マルクト広場でくつろぐ保養客

アザラシがいた

朝から快晴で島へ渡るには絶好の日よりだった。教えられたとおりノルドダイヒ・モレまで鉄道で行くと、駅の向かい側にノルダナイ行きのフェリーが到着していた。船には家族連れが多く、小さな子供たちもたくさん乗っている。ノルダナイまでは五十五分。

船が出ると直ぐ、甲板に立って左の方を注意深く見ていた。本当にアザラシがいるのだろうか。左手前方にはうっすらとユィスト島が見え始めた。ニーダーザクセン州の北海沿岸には、左からボルクム、ユィスト、ノルダナイ、バルトゥルム、ランゲオーク、シュピーケローク、そしてヴァンゲローゲと規則正しく島が並んでいる。この七つの島がオストフリースラント諸島で、陸地から船が出ている。ドイツ有数の避暑地で、夏場はどの島も海水浴客でにぎわう。七つの島の中ではノルダナイが最も発展し、垢抜けた島といわれている。三十分ほど経ったであろうか、甲板の人たちが騒ぐ方を見ると、いたいた！　アザラシである。砂州の上に何匹も横たわって日なたぼっこをしているではないか。遠目ではあったが、自然の海にいるアザラシを見たのは初めてだった。甲板にいた小さな子供たちがはしゃぐ。ここはかなり海岸から離れているのに、細長い砂州がいくつか海上に現れている。ノルドゼーにはオランダからドイツにかけて広大な遠浅が広がっていると聞いていたが本当に見事な遠浅だ。ハンブルク州に属するノイヴェルク島へは遠浅のとき馬車や徒歩で渡れるという。

砂州はほかにもあったが、アザラシはいなかった。それでもずっと甲板に立って海を見ているうち、ノルダナイ島が見えてきた。島の西部に施設が集まり、港も西端にある。島が近づくと海岸にストラントコルプと呼ばれるビーチチェアーがたくさん並んでいるのが見えてきた。

（上）思い思いの方向を向いて浜辺に広がるストラントコルブ
（右下）蝋燭用の燈台やアザラシの置物が可愛い
（左下）ボトルシップや船の模型は人気の土産物

浜辺で遊んだり、波打ち際を散歩する人が多い

島の中心部へ

船を下りると急に静かになった。甲板に出ていた大勢の人たちはどうしたのだろう。ほとんどが車で来ていたのか、港から島の中心へ歩く人はとりあえず私ひとり。東西に細長いノルダナイ島は西端だけに民家が集中していて、残りはほとんど草地である。保養地の中心となるのが観光案内所の周辺で、中心広場に面してエレガントなクアハウスと海水の屋内プールがある。

歩行者専用ゾーンを散策してみた。レストランや土産物店が並んでいて、ドイツ各地から保養客がやってくるからであろう、カフェもたくさんあった。七つの島には長期滞在者のための貸し別荘もある。ほとんどのドイツ人は車でやってきて二、三週間のんびり過ごしていく。ドイツ統一以前は主にノルドゼーだけがドイツの海だった。そのためオストフリースラント諸島は夏場はズュルトに次ぐ高級保養地であり、北ドイツの海で休暇を過すことは、ドイツ人たちにとって一種のステータスになっていた。

ショッピング通りにはオストフリースラント模様のティーセットやアザラシの置物、木彫りのミニ燈台など、可愛らしい土産物が溢れている。

足台が付いてリクライニング
できる椅子の利用が多い

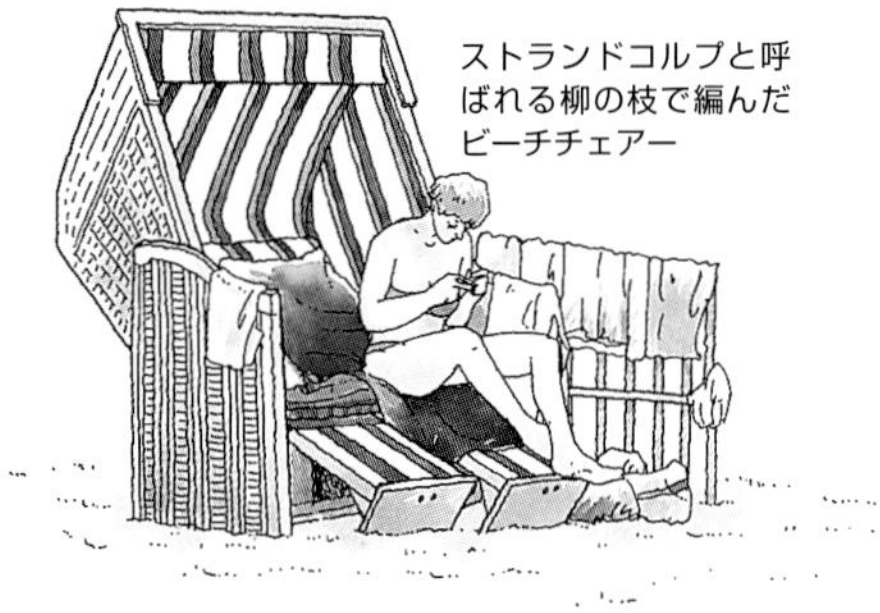

ストランドコルブと呼
ばれる柳の枝で編んだ
ビーチチェアー

浜辺の散歩

海岸に出る。海の匂いが全くしない。波もなく、まるで湖のようだ。人出は結構あるのに海で泳いでいるのは二、三人ほど。真夏の湘南の海と比べ、何故こうも異なるのだろう。砂浜に並んだビーチチェアーは、海の方を向いたり日の当たる陸の方へ向いたり様々だ。もともと強い風を避けるために考案された柳の椅子だが、今日は風がないので思い思いの方角に向いている。北ドイツの太陽は照ると厳しい日差しとなり、例えば気温十度ほどの寒い日でも籠の中は二十五度以上になるという気密の良さ。このストラントコルプ（ビーチチェアー）のレンタル料金はどれくらいなのかな、とおじさんに聞いてみた。一番大きな横たわれるものは十五マルク、足乗せ台の付いたものは十三マルク、リクライニングなしの簡単なものは九マルク、いずれも一日の料金だそうだ。あなたもどう？　と勧められる。そう、今度来るときは絶対にストラントコルプに寝てみたい。

岩に海藻がこびりついている所でやっと懐かしい海の匂いがした。今日の水温は十九度だそうで、かなり冷たいから誰も泳がないのだろう。小さな子供たちが砂を掘って何かを作っている。貝殻はたくさん落ちているが、どれも大変小さなものばかり。冷たい北海では貝も育たないのか。波打ち際をずっと歩いて、また戻ってみた。太陽は痛いほど照りつけていたが、潮風でべとべとするような不快さは全くない。何故このように空気がさらっとしているのだろう。一日中こうして浜辺にいても快適に過ごせそう。

ドイツの砂浜はどこも清潔でゴミ一つ落ちていないが、これは浜税を徴収しているからだ。ビーチチェアーの並ぶ海水浴場に入るとき、通常一日四マルクから六マルクの浜税を払う。自治体によって独自の方法を取っているため料金も徴収法も様々。オストフリースラント諸島では渡るフェリーの料

オストフリースラント諸島で風車はこの「ゼルデン・リュスト」だけ

金に浜税が含まれているため、フリーで入れる。

ノルダナイは結構大きな島で、ホテルやレストランの集中している西端だけでも全部は回れない。バスが走っているが、どのバスがどこへ行くのか判らず、結局利用できなかった。風車があるので、頑張ってそこまで歩く。

風車はきれいにリフォームされ、立派なレストランになっていた。外壁の一八六二という数字は風車の製作年代で、一九六二年まで使用されていた。つまりちょうど百年間動いていたわけだ。多いときは日に五トンの穀物を挽いて働いていた。オストフリースラント諸島で唯一の風車で、名前は「ゼルデン・リュスト」。聞き慣れないドイツ語だと思ったら、これはオストフリースラントの方言で、本当は「ゼルテン・ルーエ」。〝めったにない休息〟とでも訳そうか。内部はテーブルクロスの掛かったきちんとしたレストラン。大きな部屋には帆船の古い絵が飾られ、隣の個室はフリースラント模様のタイル壁だった。

スティープニィさんとの約束があるので、三時の船に乗らねばならない。歩いているのは相変わらず私一人。急いで戻ったので十分間に合った。港の近くに貸し自転車屋があるのを見つけてしまった。行きに気が付いていたら借りたのに。

スティープニィさんの言っていた通り、帰りの海は満ち潮で砂州は全部なくなっていた。行きは気付かなかったが、フェリーの行く手の両側には転々と緑色のブイが浮かんでいる。船が通行できる範囲を示したものなのだろう。アザラシの生息地なので浅瀬に入ってはならないのだ。他のボートもブイの内側を走っている。昨日訪れた飼育センターのアザラシたちも、早く大きくなってここへ戻ってきて欲しい。

Marienhafe

マリーエンハーフェ

シュテルテベッカーの正体

マリーエン教会前ではシュテルテベッカー野外劇の準備が始まっていた

スティープニィ宅でテーパウゼ

スティープニィさんの家へ

スティープニィさんは約束通り四時に港まで迎えに来ていた。

「フラウ・オキシマ、いい知らせがあるのよ。貴女がシュテルテベッカーに興味持っていることを夫に話したらね、彼も一緒にマリーエンハーフェへ行ってくれるそうよ。私の夫はギムナージウムの歴史の教師なの。今日は五時に家に帰るから、貴女を家に連れてくるように言われているの。シュテルテベッカーについて詳しく話してあげるって」

全く意外な展開だった。ギムナージウムの歴史の先生なら郷土史にも詳しいに違いない。今日こそ、謎の海賊のことがもう少し明らかになるかも知れない。

スティープニィさんの家はノルデン郊外の住宅地にあった。広い庭のある大きな家だが、これはドイツのごく平均的水準。彼女の夫が戻るまで、庭のテラスでテーパウゼをした。出てきたのはフリーズィッシェ・ローゼのティーセット。自家製のケーキも出てきた。ドイツの婦人たちは、仕事を持っていても必ず家でケーキを焼く。一体いつそんな暇があるのか不思議なのだが、ケーキは焼くし掃除もする。スティープニィさんは働いているのに、家の中はきちんと片づいていた。

紅茶を見て突然思い出した。このミルク用のスプーンを買い忘れていた。そのことを話すとスティープニィさんは「今から町へ戻る時間はないので、よかったら我が家のミルクスプーンを使ってちょうだい。注ぎ口は付いてないけど、こういうのもあるのよ」とミルクスプーンをくださった。

「フリースラント地方ではね、カフェインが多いと判っていても紅茶を飲むの。科学的に紅茶のカフェインは心臓と循環機能に良いとされているし、紅茶にはポリフェノールも含まれていて、神経に安らぎを与えてくれるからよ。もう一つ、紅茶にはフッ素も含まれているから、虫歯予防にもいいのよ。

フリースラント地方では虫歯の患者が全ドイツの二十パーセントも低いんですって」

紅茶の説明を聞いているうちにご主人が帰宅した。眼鏡をかけた細身の、優しそうな人だ。私たちはテラスでお茶を飲んだ。スティープニィ氏は初対面の私を愛想良くもてなしてくれた。

「フリースラントではみんな少なくとも一日に六杯は紅茶を飲むんですよ。朝食はコーヒーの人でも午前中十時から十一時の間と午後三時から四時の間にテーパウゼをします。そのとき三杯は飲みますからね。この地方のことわざで、『三杯はオストフリースラント人の権利』というのがあるんです」

隣の町だったマリーエンハーフェ

いよいよシュテルテベッカーの話に移る。

「まず最初に、大事なことを頭に入れておいてください。これは六百年以上も前の出来事です。正確なことはほとんど判っていません。実在の人物ではありますが、彼にまつわる話の多くが伝説です。当時は王侯貴族や司祭のように身分の高い人のことしか記録されませんでしたから、シュテルテベッカーに関する資料はほとんどないのです。貴方はもう、ハンブルクで処刑されたときの話など色々聞いていると思いますが、その他に何を知りたいですか？」

「シュテルテベッカーが貧しい人々に戦利品を分け与えていたのは本当なのですか」

「そのように伝えられています。多くが伝説めいているので真実は判りません。しかし彼はヴィターリエンブリューダーともリケデーラーとも呼ばれていたので、多分本当でしょう」

「リケデーラーとはどう綴るのですか」

「この地方ではLikedeeler。likeはグライヒgleich、deelerはタイラーteiler、つまり同じ様に分け与える人のこと。正確にはリケンデーラーLikendeelerで、〝平等者〟の意味です」

スティープニィ氏はシュテルテベッカーに関する資料をいくつか持っていて、それを見せてくれた。十九世紀後半にフランスで描かれたという、処刑の場を描いた木版画のコピーもあった。彼のことはフランスにも伝わっているのだ。自分で撮したスナップ写真も見せてくれた。「これが今から行くマリーエンハーフェにある彼の銅像です」ヴェンツェルさんが見せてくれた写真の、あの銅像だった。やはり彼女が言っていたマリーエンハーフェとは、紛れもなく隣の町だった。

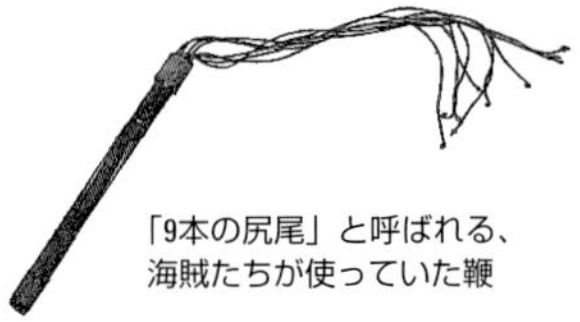

「9本の尻尾」と呼ばれる、
海賊たちが使っていた鞭

どうやって海賊になったのか

「シュテルテベッカーは一三六〇年から一三七〇年頃の間に生まれたと推定されています。生地は色々で、ヴィスマールの近くという説もあります。彼は最初はヴィターリエンブリューダーでした」

「ヴィタリアーナ海賊って、どんな海賊なのですか」

「十四世紀末から十五世紀初頭にかけて北海やバルト海に出没した海賊団です。Vitalienは〝食料〟の意味で、元来ハンザ同盟の委託を受けてデンマーク軍攻囲下のストックホルムへの食料補給に当たったのでこの名が生まれました」

「ハンザのために働いていたのに、何故そのハンザを敵に回すようになったのでしょうか」

「シュトラールズントの和議の後、デンマークがおとなしくなったので彼らはひとまずその使命を終えました。雇われていた船乗りたちは解散したのですが、そのときの経験を生かして海賊になった者がいました。つまり正確には、ヴィターリエンブリューダーだった人たちが後から海賊になるのですが、名前だけ引き継いでしまったようです。船を操る才能に恵まれたシュテルテベッカーは、当時バルト海を荒らし回っていたゴーデケ・ミヒャエルという名高い海賊を訪ねていきます」

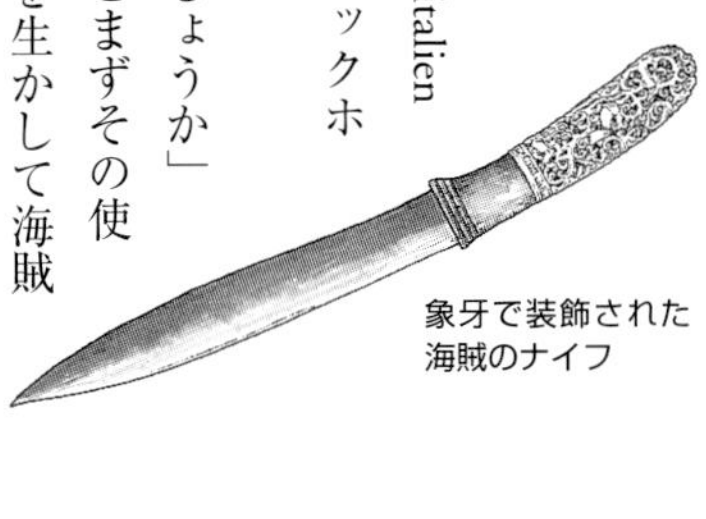

象牙で装飾された
海賊のナイフ

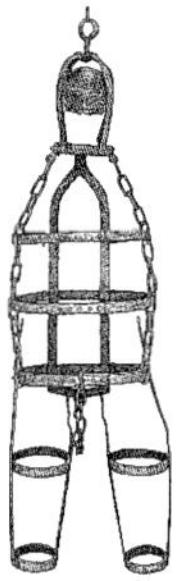

処刑の檻。斬首刑となった海賊たちは処刑の後、このような鉄の檻に入れて見せしめのため市民に晒されることもあった

「リューゲン島の野外劇にも出てくるあの強そうな海賊ですね」

「シュテルテベッカーが弟子にして欲しいと頼むと、ゴーデケ・ミヒャエルは三つの課題を出しました。これを突破したら弟子にしてやろう、と」

「つまり難題を持ちかけたのですね」

「まず最初に、体を鎖でぐるぐる巻きにされた状態で、これを破って逃げること。彼はそれをやってのけました。次にUの字に曲げられた鉄の棒を手でまっすぐに伸ばすこと。これも難なくできました。そして最後はビールの一気飲みです。一リットル入りのジョッキを一気に空けられるか。シュテルテベッカーはゴーデケ・ミヒャエルの前で何と七杯のジョッキを空にしてしまいました」

「すごい酒豪だったんですね」

「そう。シュテュルツ・デン・ベッヒャーStürz den Becherという表現があって、文字どおりだと杯をひっくり返すという意味ですが、北ドイツでは酒のペースが速いときに使われます。シュテルテベッカーという名はこの表現が訛って生まれたとも言われ、あだ名だった可能性もあります」

「彼は試験に合格したわけですね」

「はい。そして最初は一緒の船に乗っていましたが、そのうち二人は別々に行動するようになります。仲間割れではなく、その方が効率よかったからでしょう。バルト海を航行するハンザの船を狙って襲い、物を奪っては貧しい人たちに分け与えていました」

最大の拠点はマリーエンハーフェ

「バルト海で活動していたのに、何故マリーエンハーフェに拠点があるのですか」

「当時、マリーエンブルク（現ポーランド）にドイツ騎士団の拠点があり、ハンザ商人たちと深く関

マリーエン教会の巨大な塔

わっていました。頻繁に起こる海賊の襲来で互いに損失が生まれ、ドイツ騎士団はハンザの要請を受けて、一三九〇年からバルト海に出没する海賊の取り締まりにかかります。そうして海賊たちはバルト海での活動が困難になり、とうとう一三九五年、ゴーデケ・ミヒャエルとシュテルテベッカーはノルドゼーにやって来ました。ノルドゼー沿岸の町や村にも上がってきたと思われます」

「マリーエンハーフェは内陸なのに何故拠点を作ったのでしょうか」

「昔は海だったのですよ。ノルデンも海に面していたのです」

スティープニィ氏は中世の地図を広げた。それによると、ノルデンとグレートズィールの間は湾になって海が入り込み、マリーエンハーフェは確かに海に面している。ノルデンの教会の場所は海だったので地盤が悪く、塔を建てられなかったという意味が判った。

「マリーエンハーフェには教会があり、その教会の塔がシュテルテベッカーの隠れ家でした」

「貧しい村人たちが海賊の見方だったのは理解できます。しかし教会の塔が隠れ家だったということは、この地方の聖職者や有力者たちも彼をかくまっていたのですか」

「その通りです。オストフリースラント地方には豊かなハンザ都市がありません。人々は農業で生計を立て、この地方からは歴史に名を残すような貴族は出ませんでした。地方支配者は各地にいましたが、ハンザ商人のような金持ちではなかったので妬みもあったと思われます。また大がかりなハンザの取引によってこの地方の小さな産業が妨げられたのも事実で、要するにハンザは敵でした」

「ほかに彼が拠点にしていた町はあるのですか。グレートズィールとか」

「グレートズィールのことは確かではありませんが、エムデンにはありました。ヘルゴラント島も彼の拠点だったと言われています。しかし最も有名なのはマリーエンハーフェです。マルクト広場のマリーエン教会の塔は『シュテルテベッカー塔』と呼ばれ、教会の前には彼のコッゲ船も置かれていました。ずっとここを拠点にしていたので、この地方支配者の娘と恋に落ち、子供が産まれたという噂さえあります。ま、それは本当かどうか……」

似顔絵のモデルは誰？

スティープニィ氏は別の写真を取りだした。それはシュテルテベッカーの肖像画で、シュトラールズントのビアレストラン「アルテ・フリッツ」に飾ってあったガラス絵と同じものだった。

「これがシュテルテベッカーの似顔絵とされるものです。しかし、これは彼ではありません。シュテルテベッカーは推定年齢四十歳くらいで処刑されているのに、この肖像画はどう見ても六十過ぎのお爺さんじゃないですか」

「それじゃ、これは単なる想像の絵なのですか」

「いいえ、実在の人物です。この肖像画はクンツ・フォン・デア・ローゼンという宮廷道化師で、神聖ローマ帝国の皇帝マキシミリアン一世に仕えていた人です。誰かがこれを見てシュテルテベッカーをイメージし、この銅版画から似顔絵を描きました。それがいつの間にかシュテルテベッカー本人ということになって世間に出回っていったのです」

「本当はどんな人物だったのでしょうか」

「それは一切わかりません。マリーエンハーフェの銅像もこの肖像画を見本にしているので、顔はよく似ていますよ」

Marienhafe

シュテルテベッカーの似顔絵

アビトゥア合格の生徒たち

それじゃあ、そろそろ出かけましょうか、と私たちは席を立った。

塔の上からシュテルテベッカーが転がした石

外に出ると、トラクターに乗った若者たちが奇声を上げながらこちら側に向かって来た。

「おお、やって来たな!」とスティープニィ氏。夫人が慌てて、

「フラウ・オキシマ、気を付けて! 水をかけられるわよ」と叫ぶ。トラクターは家の前で停まり、本当に若者たちは水鉄砲で私たちに水をかけ始めた。スティープニィ氏は大きな声で、しかしにこやかに彼らに向かって何か叫んだ。彼らも喜んで手を振っている。

「主人のクラスの生徒たちですよ。今日、ギムナージウムでアビトゥア(大学入学資格試験)の発表があったの。この子たちはみんな合格したのよ。今日は無礼講だから何してもいいの」

「ノルデンには大学があるのですか? 皆、どこの大学へ行くのでしょう」

「オストフリースラントには大学がないので、ハノーファーかハンブルクか、勿論もっと遠くに行く子もいます。みんな親元を離れて一人立ちするのです」

スティープニィ氏は「これでお祝いパーティーでもしなさい」と、いくらかのお金を生徒に渡す。生徒たちは皆お礼を述べて、叫びながら遠ざかって行った。アビトゥアの合格は、きっと人生で最も幸せな瞬間かも知れない。

マリーエンハーフェでも野外劇が

マリーエンハーフェには直ぐに着いた。誰もいない小さなマルクト広場に車を止めて降りる。広場に面して大きな教会が建っている。これがシュテルテベッカーの隠れていたマリーエン教会だ。広場にはなにやら舞台のようなものを制作中らしいが、もう時間が遅いので作業は終わっていた。

「これが来月から始まる『シュテルテベッカー』の野外劇の舞台です」

「ここでも野外劇が行われるのですか?」

「三年毎に行われていて、今年はちょうどその年にあたります。貴女は運がよい、と言いたいけれど、その頃はもうドイツにいませんね」

舞台の後ろに壁が造られ、壁の上から後ろにある船のマストが見える。キャスターの付いた船を後ろで動かし、海戦の様子を出すらしい。シュテルテベッカーの劇はあちこちで行われているわけではない。リューゲン島の劇は有名だが、マリーエンハーフェのは規模が小さい上に三年に一度のためさほど知られていない。ハンブルクでは、内アルスター湖を舞台にシュテルテベッカーの大規模な野外劇が計画中とのことだった。観られないことを残念がると、

「きっと観ても解りませんよ。オストフリースラント語で話すから。ひどい訛のドイツ語です。敢えて方言を使っているのです」と慰められた。

シュテルテベッカーの銅像は教会に背を向けるように広場の端に立っていた。実物大といわれる大

等身大で作られたシュテルテベッカーの銅像

シュテルテベッカーと
ハンブルク（表と裏）

きな銅像は、ちょっと厳しい顔をして遠くを見つめている。例の銅版画と同じ顔つきだが、もっと若々しくて精悍な感じがする。リューゲン島でこのことを知って以来、見ることはできないと諦めていた銅像が今、目の前にある。信じられない気持ちだった。この広場の向こうは海で、そこにシュテルテベッカーのコッゲ船が停泊していたというのも信じがたい。

教会塔から転がした石

「教会に行ってみましょう」と促され、制作中の舞台工事の中をくぐり抜ける。マルクト広場の周りには何もない小さな町なのに、なぜ教会ばかりがこんなに大きいのか。

「このマリーエン教会はシュテルテベッカーの時代にはもっと大きかったのですよ。塔の高さも六階まであって、その上に三角の屋根が乗っていました」

中に入ろうとしたが、既に閉まっていてスティープニィ氏は残念がった。

「この塔は、各階に部屋があるのかと思うほど太いでしょ。しかし中には階段しかなくて、それがとても狭い階段なんです。四方の壁の厚さが四メートル、つまり壁だけの塔なんですね」

「その最上階にシュテルテベッカーが隠れていたのですね。見つからなかったのですか」

「見つかるもなにも、彼がここに住んでいることはみんな知っていましたよ。しかし誰も捕まえることができなかったのです。彼は大きな石を塔の上にたくさん運び込み、敵が上がってくるとそれを階段から転がしました。頭に当たれば即死で、誰も登ることが出来なかったんです。そんなわけで塔に立て籠もることができました。ほら、これがその石ですよ」

教会の庭には石がたくさん転がっていた。半分土に埋まっているものもある。大きさはまちまちだが、どれも転がせるように丸い。こんなものが上から転がってきたらひとたまりもないであろう。全

1700年頃にハンブルクで発行されたコイン

シュテルテベッカーとフランスの義賊ジャン（表と裏）

てが伝説めいていて、なにひとつ本当のことは判らないという。それならこの石は一体何なのか。

最後の拠点となったヘルゴラント島

「彼はなぜ捕まってしまったのですか」

「ノルドゼーはハンブルク商人たちの通商路です。バルト海からノルドゼーにやってきたシュテルテベッカーたちは、ハンブルク商船を狙って略奪を繰り返すようになります。ハンブルクは十四世紀半ば頃から急速に栄え、ハンザ商人たちは実力者揃いでした。一四〇〇年、ハンブルク商人の要請によりハンザは軍隊を出して海賊狩りを開始します。これによってかなりの海賊たちが捕まり、ハンブルクで処刑されました。しかしハンブルク商人たちが一番手を焼いていたゴーデケ・ミヒャエルとシュテルテベッカーだけは絶対に捕まらなかったのです」。聞いているだけで、何かドラマを観ているような気がする。ノルドゼーで戦うハンザ船と海賊船の様子を想像した。

「一四〇一年の春、とうとうシュテルテベッカーはハンブルク商人ズィモン・フォン・ウトレヒト率いる艦隊により、ヘルゴラント島で捕えられてしまいました」

「ヘルゴラントで捕まったのですか？　それならヘルゴラントに何か足跡があるでしょうか」

「わかりません。私たちはまだヘルゴラント島に行ったことがないのです」

他にシュテルテベッカーの足跡の判る場所はあるかを尋ねると、ハンブルクの歴史博物館はシュテルテベッカーの頭蓋骨とされるものが展示されているとのことだった。ヘルゴラントへ行くには、ノルドダイヒからは船がないので、ハンブルクまで行かねばならない。しかも北海の沖にポツンと浮かぶ孤島で、かなり時間がかかりそう。だが、ヘルゴラントにはきっと何かあるにちがいない。ノルデンに戻る車の中で、私はヘルゴラント島へ行くことを真剣に考え始めていた。

amburg

波によって切り離された「ランゲ・アンナ」岩

Helgoland～H

ヘルゴラント島～ハンブルク

シュテルテベッカーを追って

エルベの河畔

ハンブルクへは帰国前日に戻るつもりだったが、予定を変更して直ぐハンブルクへ向かった。こうなったら、どうしてもシュテルテベッカーのことを徹底的に調べたくなったからだ。昨晩、ハンブルクのホテル「ルイ・C・ヤーコプ」のクリストフ・ホフマン氏に電話をすると、直ぐに部屋を用意してくれた。夏のこの時期にハンブルクで急に部屋を探すのは難しいため、とても助かった。

ノルデンを出た列車はすぐにマリーエンハーフェに着いた。町は駅から近かったようで、昨日のシュテルテベッカー塔が車窓から見える。来るとき慌てて降りようとしたことを思い出す。ヴェンツェルさんは、何故マリーエンハーフェが海の向こう側だと言ったのだろう。私はそのときのことをゆっくり思い返してみた。いや、海の向こう側だ、とは言っていない。単に「向こう側」と言っただけだ。私が勝手に海の向こう側の、スウェーデンの町と思い込んでいただけなのだ。

それにしてもなぜ彼女は「向こう側」と言ったのか。マリーエンハーフェの場所も知っていたはずだ。もしかしたらそれは彼女の中での〝東側〟と〝西側〟、つまり「壁の向こう側」と言う意味だったのではないか。今も東地区の人々には、旧東独民という意識があるのかもしれない。西側への皮肉を込めたこの言葉の意味に、私は少しばかりショックを感じていた。

「ルイ・C・ヤーコプ」*はハンブルクのアルトナ駅が最寄りとなる。ハンブルクには中央駅、ダムトーア、アルトナ、と三つ駅があり、ハンブルク発の列車はだいたいアルトナからやって来て、ハンブルク着もアルトナへ帰っていく。アルトナの語源は「アル・ツー・ナー　all zu nahe」で「近すぎる」、つまりまだ別の町だった時代にハンブルクまでの距離を表す言葉に由来している。

アルトナ駅から乗ったタクシーは、エルプショセーを西へ向かった。エルプショセーとはエルベ川

ホテル「ルイ・C・ヤーコプ」のリンデン・テラッセ

＊1791年、フランスから移住したダニエル・ルイ・ジャックがここにレストランを開いたのが始まり。ハンブルク商人たちの間で評判となり、すぐに彼らのたまり場となった。86室という、ハンブルクの高級ホテルにしては規模が小さいため顧客が多い。ドイツ印象派の画家マックス・リーバーマンは、20世紀初頭このホテルに長く滞在し、エルベ川河畔の風景を好んで描いた。ハンブルクのクンストハレ美術館にはホテルの庭、菩提樹に囲まれたレストラン「リンデン・テラッセ」を描いた美しい絵が飾られている。

に沿ってブランケネーゼまで延びる街道。左側はエルベ、そのエルベを見下ろすように右手の高台に大きな邸宅がぽつんぽつんと並んでいる。エルベ川沿いの北斜面が住宅地となったのは一九世紀のこと。今では外アルスター湖周辺に次ぐ高級住宅地だ。エルプショセーに住んでいることはかなりのステータスであるため、金持ちのハンブルク市民は頑張って通勤に時間をかける。

ホフマン氏は快く出迎えてくれた。「ちょうど二階の一号室が空いておりましたので御用意いたしました」。案内されたのは本館二階の左端、エルベ川に面した眺めの良い部屋で、入り口にマックス・リーバーマンの自画像が飾ってあった。ホフマン氏に、明日ヘルゴラント島に行きたいから船の時間を調べて欲しいと頼むと、しばらくして「港を九時に出る便があります。ヘルゴラント島の到着は十二時半で、帰りは四時半発の八時着です。予約しますか？」と電話がかかってきた。

「三時間半もかかるのですか」とちょっと驚いたが、「以前は五時間以上かかったのですよ。最近は速い船が開発されました」ということなので、九時の便を頼む。

船が出る

九時発の船に乗り遅れてはならない。翌日、時間がなかったので朝食もとらずにホテルを出る。

船着き場のランドゥングスブリュッケンには桟橋がたくさんあるので迷うかと思ったが、ちょうど歩道橋を渡って港に出た所にヘルゴラント行きの船が停まっていた。ホフマン氏は一等席を予約したらしく、私は二階に案内された。二階はサロン風の一室で、深々としたソファーが置かれ、既に何人か座っていた。定刻、船は出航した。突然「蛍の光」が流れ、港の職員たちが手を振りながら大声で見送る。船の乗組員たちはそれに答えて何か叫びながら大げさに手を振り返す。これはアトラクションなのか、それとも儀式なのだろうか。笑いたくなるような光景だったが、もしかしたら笑ってはいけないのかも知れない。

甲板に出てずっと右岸を見ていると、ホテル「ルイ・C・ヤーコプ」の前を通った。隣に座っていた夫人も出てきて「もうすぐ私の家の前を通るの。お隣の家の方がね、船の通る時間にテラスから手を振るって言うのよ」とソワソワしている。この人はエルベ河畔の高級住宅地ブランケネーゼに住んでいるのだ。どんな家かと思ったら、港の上の方の結構立派な家で、お隣さんの家も大きい。そしてご夫婦で手を振っているのがよく見えた。私も参加させていただいた。

船はクックスハーフェンまでずっとエルベ川を下っていった。噂に聞いてはいたが、エルベの両岸の土手はずっと美しい牧草地が続き、羊がたくさん放牧されていた。実に牧歌的な風景で、時々現れる背の低い燈台が、よりメルヒェン的要素を加えている。河口近くになると川幅はさらに広がり、クックスハーフェンの手前ではどこまでが川でどこからが海なのか見当つかなかった。

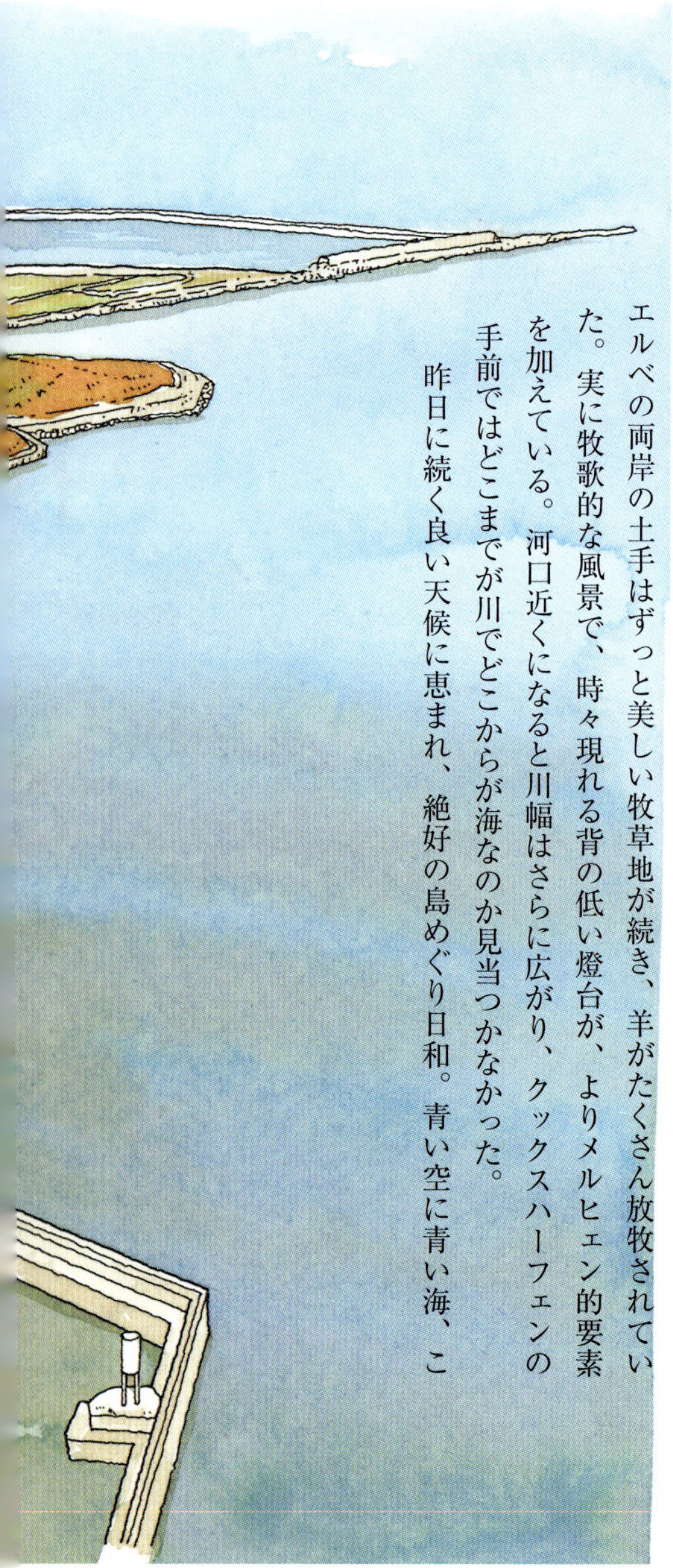

昨日に続く良い天候に恵まれ、絶好の島めぐり日和。青い空に青い海、こ

赤い岩のヘルゴラント島。南北に長い島の上は、南東から北西部にかけて平らな大地が広がり、南西部に集落がある

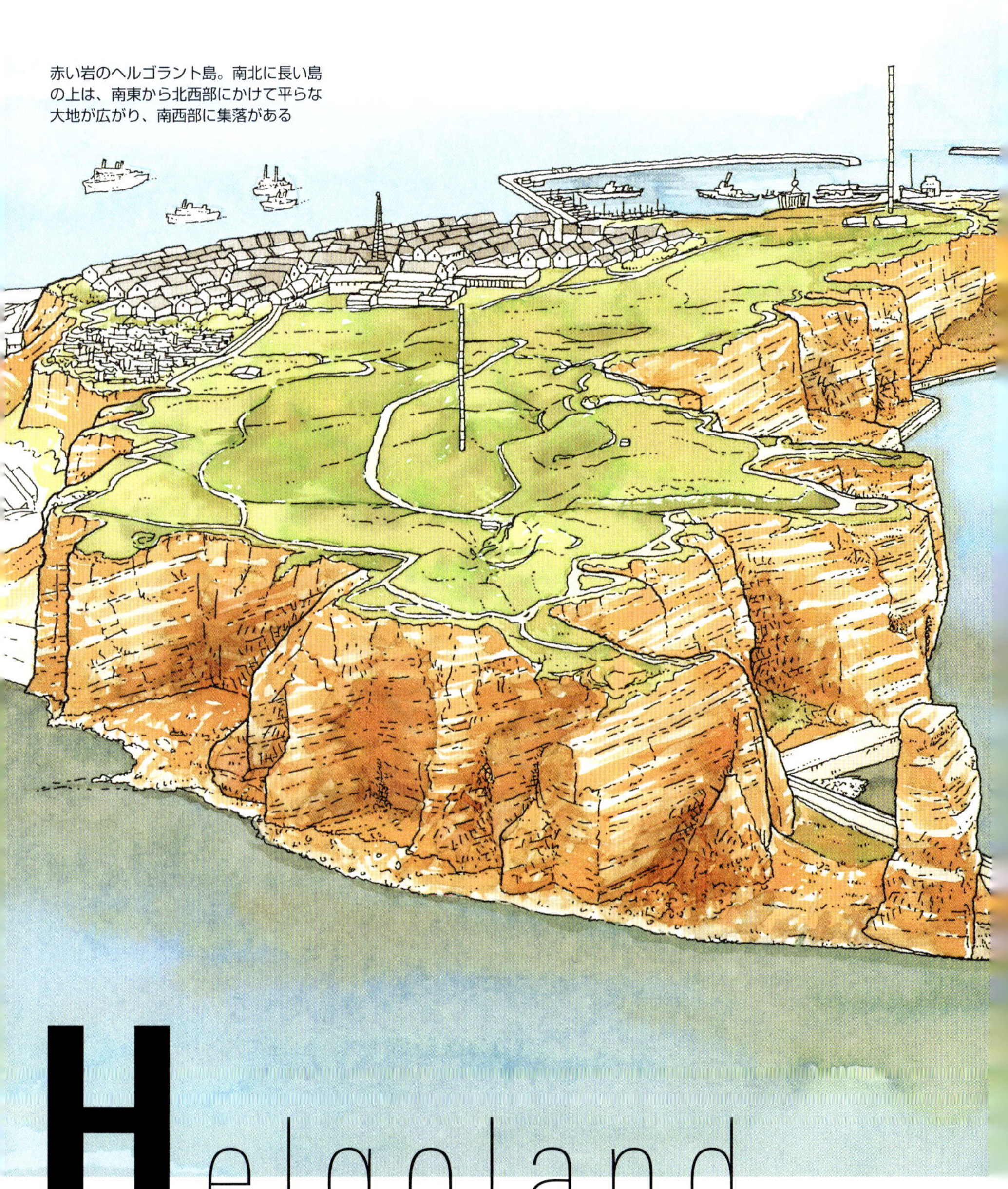

Helgoland

れが北海ノルドゼー、と最初のうちは気分爽快だった。風が強く、大海へ出ると船は揺れ始めた。クックスハーフェンが見えなくなり、船は沖へ沖へと進んでいく。ずっと甲板に出ていたが、余りにも揺れるので危険だからと室内に戻される。辺り一面青い海で、他には何も見えない。水平線が右に斜めになったり、左に斜めになったり、船は相当揺れている。私は青い顔をしていたのか、船員の一人が「一階席の方が揺れませんから下に降りましょう」と誘導してくれた。降りるのも大変で船員につかまりながら移動する。二階席にいた他の乗客たちも誘導され始めた。船酔いというのを経験したことがなかったが、気持ち悪くて頭痛がする。周りの乗客の中には吐いている人もいたが、私は朝急いでいたので何も食べなかったことが幸いだった。

島に到着

ヘルゴラント島に着いたとき、直ぐには船から降りられなかった。ドイツ人たちはさすがにタフで、さっきまでハンカチで口を押さえていた婦人でさえ笑顔でさっさと降りていく。最後の方から降りていくと先ほどの船員が「大丈夫ですか?」と声をかけてくれた。「いつもこんなに揺れるんですか?」と聞くと、「ナーイン、ナイン、ナイン! 年に二、三回だけですよ。今日は特別です」と真顔で否定した。

さて、まだ頭痛は止まなかったが、取りあえず皆が歩いて行く方向へ私も付いていった。港に沿った通りに面して、カラフルな小屋がずらりと並んでいる。若者向けのペンションかと開いたドアを覗いてみると、船の道具や魚網などが置かれていた。漁師たちの小屋らしい。しばらく歩いていくと、もう一つ船着き場があり、そのあたりから土産物屋が並んでいる。観光局を見つけたので地図をもらい、まず島の位置関係を頭に入れる。知らなかったのだがヘルゴラント島は二つの島から成り立って

1718年に描かれたヘルゴランドの様子を伝える銅版画。

いて、有名なのは今いる岩崖のある島。すぐ東側に小さい平らな島があって、そちらに海水浴場があるようだ。にぎやかな通りには土産物屋がたくさん並んでいて、どこの店先にもタックスフリーの看板が大きく掲げられている。ヘルゴラントはドイツで唯一の免税地。ナポレオン戦争のときヘルゴラントはイギリスに支配された。一八九〇年に返却された際にイギリスとドイツの間で交わされた条約に基づき、現在もＥＵの税金法が適用されないらしい。港の近くには空港にあるような大きな免税店があり、香水、たばこ、酒類、時計、宝石、ネクタイ、バッグその他いわゆる空港の免税店のような店がいくつか並んでいる。大きな免税店の間に、小さな土産物屋もたくさんある。こちらは純粋なヘルゴラント土産で、船の模型やボトルシップ、アザラシの置物、ミニ燈台、貝殻など、海の匂いがするものばかり。横道に入った所にもこうした小さな土産物店があり、琥珀や珊瑚のアクセサリーがかなりお買得な値段で販売されている。お店を覗いているうちに、すっかり頭痛が直ってしまった。

シュテルテベッカーを尋ねて

ところでシュテルテベッカーの手がかりはどこにあるのだろう。どこかに銅像でも立っていないのだろうか。もう一度観光局に戻ってシュテルテベッカーのことを尋ねてみた。窓口の女性は困った様子で奥へ入って行き、少し経って一緒に出てきたのは観光局長のリンネ氏だった。ニッポンからシュテルテベッカーのことでやって来たというから、驚いて出てきたのだろう。

「残念ですが、シュテルテベッカーに関して特別なものは何もありません」

「え?!　でも彼はヘルゴラントで捕まったんじゃないんですか？」

「島の中で捕らえられたのではなく、ヘルゴラントの海の船上です」

「それじゃあ、この島には彼に関する伝説めいた足跡は残っていないのですか」

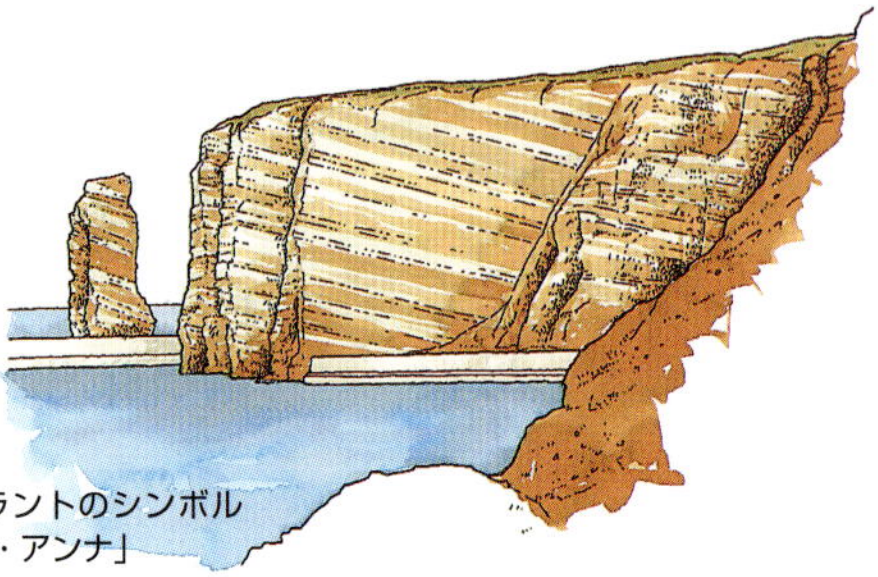

ヘルゴラントのシンボル
「ランゲ・アンナ」

「シュテルテベッカーはよくヘルゴラントにやってきたようです。そのため、ハンザ商人から奪った莫大な財宝をこの島に隠していたという噂があり、言い伝えられてきました。噂を信じて冒険好きの人々が宝を探しにやって来ましたが、見つかったという話は聞きません」

「銅像のようなものはないのですか？　戦っている群像とか」

「この島にはありませんが、ハンブルクには処刑される前の銅像がありますよ」

「本当ですか?!　どこに？」

「グラースブロックです。エルベ川中洲の倉庫街です。そこが処刑場だったんですよ」

ハンブルクの銅像のことは朗報だったが、この島に彼の手がかりが何もないのは残念だった。ヘルゴラントでは大きな収穫があると期待し過ぎた。リンネ氏は私が非常にがっかりしているのを察して、ヘルゴラントの資料をいろいろ出してきた。

「せっかくいらしたのですからヘルゴラントで楽しんで下さい。ヘルゴラントの自然に魅せられてやって来た作家にはカフカやハイネ、ハインリッヒ・フォン・クライストなどがいるのですよ」

「あんなに船が揺れるのに、みんなよく来ましたね。ノルドゼーは風が強いので揺れるのでしょうが、先日ノルダナイ島へ行ったときは全然揺れませんでしたよ」

「オストフリースラント諸島は陸の近くでしょ。この島は陸地から七十キロ離れたノルドゼーの沖にあります。だからこそ健康によいのです。喘息やアレルギーなど、呼吸器系の疾患には最適な場所です。ひどい喘息患者もここに二週間滞在すれば治ってしまいます。大気汚染されていないし、ヨードと酸素をたっぷり含んだノルドゼーの強い風が器官に有効に作用するからです。いいですか、空気中に舞う埃はツークシュピッツェの頂上より少ないんですよ。島には排気ガスがありません。車がないからです。たった一台だけタクシーがありますが、それは電気自動車です」

徹底した環境保護政策がとられている。島にはサナトリウムがあり、医者もいて治療や指導を受け

られるが、そんなことをしなくてもただ滞在しているだけで二週間もすれば治ってしまうらしい。

「ヘルゴラント島が二つの島だなんて知りませんでした」

「もともとはひとつの島だったんです。赤色砂岩の岩島で、その裾に砂浜のデュネ（荒れ地）が広がっていました。一七二〇年に大嵐が島を襲い、このように割かれてしまったのです。本島の広さは一平方キロメートルで、野鳥の巣がありますが、デュネの方は〇・七平方キロメートルの白い砂浜だけで、アザラシなどがよくやってきます。ヘルゴラントは自然の楽園ですよ」

リンネ氏は別れ際に「ゆっくり島を一周なさってください」と言い、「是非シュテルテベッカーの宝を見つけて下さい」と付け加えた。

島の上を一周する

島は六十メートルの赤色砂岩からできていて、上に登るエレベーターがあり、デパートの五、六階に上るような感じですぐオーバーラントと呼ばれる岩山の上に着いた。確かに素晴らしい眺めだ。嵐で切り離されたデュネが青い海にくっきり浮かんでいる。リンネ氏に勧められた通り、左の西側から北へ向かって島を歩き始める。岩山の上は台のように平らで、崖っぷちに細い道がある。風がやたら強く吹きつける。崖側は手すりで囲われているが風の向きが逆だったら危険だ。これがノルドゼーのヨードと酸素を含んだ海風か、と大きく風を吸い込みながら歩いた。しばらくすると珍しい風景が展開する。切り立つ崖一面に鳥がとまっているのだ。近づくにつれて鳥の鳴き声が騒がしくなり、たくさんの巣があるようだ。崖を見ていた人に鳥の名前を聞くと、「ウミガラスですよ。毎年二万羽が育ちます。ここはドイツで唯一の鳥の楽園なんですよ」と言っていた。

その先を歩いていくと、まるで人工的に島から切り離されたように海から突き出た岩柱があった。

何枚も写真を撮っている人がいたので「伝説の岩か何かなのですか」と聞くと、「ランゲ・アンナという名が付けられた岩で、自然の浸食によってあのようになったんだよ」と教えてくれた。「浸食は今も進んでいるのでしょうね」と言うと、「それを少しでもくい止めるには防波堤を造るなど、現代の技術を使うしかない。そのために寄付金を募っていてね」と、彼は自分の腕時計を見せた。

「『ランゲ・アンナ基金』といって、この時計を買うと自動的に基金に寄付が行くんだ」

時計は一一九マルクするが、そのうち四〇マルクが基金へ流れる。ヘルゴラントの赤い砂岩が入った時計で、スイス製のクォーツだった。

シュテルテベッカーの財宝などあるわけがない。岩の上に木立はなく、右も左も崖っぷちで断崖の上には低い草が生えているだけ。およそ宝を隠すに具合の悪い島だ。それでも南端に行くと民家が密集していたので、こんな所に人が住んでいるのかと驚いた。島にあるのは宿泊所やレストラン、保養施設だけかと思っていたら漁で生計を立てている島民が結構いるらしい。庭に花を植えたり家の周りをきれいに整えている。こんなに風の強いところでも植物が育っている。エレベーターの降り口に小さな土産物店がいくつか並んでいた。船の時間までかなり間があったので、何軒か店を覗き、蝋燭の燈台とアザラシの親子、そして貝殻セットを土産に買った。

「赤い岩」と呼ばれているように、ヘルゴラントは遠くから見ると巨大な赤色砂岩の固まりである。大海に浮かぶ孤島の島のイメージは多くの画家や写真家を惹き付け、幻想的な写真や荒々しい岩の絵が何枚も生まれた。シュテルテベッカーの足跡は何もなかったが、この特異な島の、そしてなによりも行きにくいことに価値がありそうなヘルゴラント島に、いつのまにか魅せられていた。

ヘルゴラントの船は揺れる

今日は残された最後の日。歴史博物館は十時から開くのでゆっくり朝食をとる。ホテル・ヤーコプ自慢のリンデン・テラッセも朝は木陰がなく、しかし柔らかな日の光は涼しすぎる庭にちょうどよい。誰かがエルベの上流を指さして叫んだ。見ると大型客船がこちらへやってくる。どこの国の客船であろうか、「ヨーロッパ」と書かれた船は長さ二百メートルはありそうな四階建ての豪華客船だ。船が通ることに慣れているボーイさんたちも手を休めて眺めているから、よほど特別なことなのだろう。

船が通り過ぎてしまった頃ホフマン氏が、「おはようございます。ヘルゴラントは如何でしたか」とやってきた。「島はとっても良かったんですけどねぇ、なにしろ行きの船が揺れました。私はよほど運が悪いのでしょう、年に二、三回しかないそうですから」と答えると、ホフマン氏は「ヘルゴラント島への船はいつも揺れますよ。帰りが揺れなかったなら貴女は運がいい」と言った。

歴史博物館へ

歴史博物館はかつてハンブルクを取り巻いていた市街壁跡の緑地帯にあり、最寄りの駅はザンクト・パウリ。この駅は名高い歓楽街のレーパーバーンへの入り口でもある。西へ降りればレーパーバーン、東へ降りればアカデミックな歴史博物館、こんな環境もハンブルクらしい。歴史博物館は戦災で焼け残った数少ない建物のひとつで、ユーゲントシュティール建築を見る価値もある。中で工事をしているらしく、入り口に建築機材が運び込まれていた。案内窓口でシュテルテベッカーの展示室はどこか尋ねると、「そこは改装中なので閉まってます」という。そんな馬鹿な！　一度に顔から血が下がっていった。スティープニィ氏から歴史博物館のことを聞いたときは、彼の頭蓋骨だなんて、そんな偽物に決まっていると軽く捉えていた。しかし今や、この博物館を見ずにシュテルテベッカーの何が判るのか、そんな気持ちになっていた。館長に会わせてほしいと頼むと、若い女性が現れ、

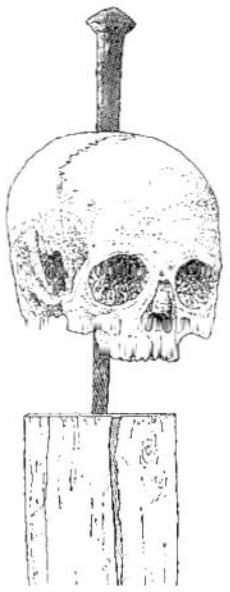

ハンブルク歴史博物館にある
シュテルテベッカーの頭蓋骨

1566年に南ドイツで出版された『シュテルテベッカーとゴーデケ・ミヒャエル』の挿絵（木版画）。

「今日は館長が来られない日なのですが、どういうご用でしょうか」と聞く。日本から来た、シュテルテベッカーについて調べている、ここに来れば彼に関する展示があると聞いてやって来た、何とか見せて欲しい、と頼む。彼女は、館長に連絡してみます、と奥へ入ってすぐ戻ってきた。

「展示品は既に別の場所に移されているので見ることはできません。シュテルテベッカーについて調べたいなら、文書室へ案内するように館長から言われましたが如何なさいますか？」

文書室なんかに何があるというのだ。絶望的な気持ちでとにかく付いて行くと、案内されたのは図書閲覧室のような部屋だった。棚には古い書物がたくさん並んでいる。彼女はハンザに関するいくつかの文献を棚から出して「これらの中にシュテルテベッカーに関する記述があります。一時頃まででしたらここで読んでいて構いません。私は隣の部屋におります」と言った。

「この博物館には通常何が展示されているのですか」

「シュテルテベッカーの頭蓋骨と彼の帽子やシャツなどです」

「本当に彼のものなのですか？」と尋ねると、彼女は肩をすくめた。

さて、これらの分厚い文献の中から一体どうやってシュテルテベッカーを探し出すのか。それもわずか三時間足らずで何が判るというのだろう。途方に暮れてただ眺めていると、隣の部屋からこちらの様子を伺っていた彼女がやって来た。机に出された文献の中から真新しい本を何冊か示し、

「これらの本は最近出版されたものなので、お買いになったら如何ですか。メンケベルク通りの本屋にありましたよ」と教えてくれた。小説や海賊シリーズの本もある。そして「古い文献だけここでお読みください」と一冊の本を取り出し、ページまで探して開けてくれた。『ハンザの生活実体と神話』と題されたもので、開いた所にシュテルテベッカーの文字があった。

「それからこちらはベルリンの新聞に載った記事ですが、ここの博物館に関する記述があります」と、新聞のコピーを出してくれた。

ホラーハウス “ダンジョン”

（左）シュテルテベッカーの首
（下）シュテルテベッカーとゴーデケ・ミヒャエルの手配書

ダンジョンのショップ

次々に切り落とされた海賊たちの首

シュテルテベッカーの戦利品

（左）ペスト患者に扮したスタッフ
（右）ペストの部屋

拷問室

強烈な印象で目に飛び込んできたのが頭蓋骨である。太い鉄釘で頭部先端から顎まで貫かれ、木製の杭に刺さっている。完全な形ではなく、顎の部分は朽ちて欠けていた。これが普段ここの博物館にあるのかと思うと残念でならない。たとえシュテルテベッカーのものでないにしろ、彼の時代に処刑された海賊の一人であることは間違いない。首を斬られた後、こんな風にしてさらされたのだ。

一九〇二年八月のベルリンの新聞では、見出しに『海賊シュテルテベッカーの没後五百年に際して』とあり、ハンブルク歴史博物館の展示物が写真入りで説明されている。シュテルテベッカーの首を斬った刀、鎖で編まれたシャツと帽子などの写真が載っていた。他に「シュテルテベッカーの杯」と名の付いた杯もあり、一六五〇年頃に作られた銀の杯で、ハンブルクの船員組合が所有していた。

シュテルテベッカーを捕らえたズィモン・フォン・ウトレヒトの墓石の写真もあった。墓石に刻まれている文字が紙面に載っていて、次のように書かれている。

「一四三七年の聖カリクトゥスの日にこの町の市長ズィモン・フォン・ウトレヒト氏が亡くなった。ここに君たちはズィモン氏の亡骸を見る。彼は海賊シュテルテベッカーとゴーデケ・ミヒャエルを捕らえた市参事会員である。君たちは祖先の勇気ある行動を学び、これに従いたまえ。故郷の町の栄誉を高めるために」

この墓碑は一四八七年に立てられているので、死後五〇年も経ってから造られている。

「一九〇二年が没後五百年となっているのはどういうことですか」と尋ねると、

「シュテルテベッカーが処刑されたのが一四〇〇年、一四〇一年、一四〇二年と三通りの解釈があるからです。ここでは一四〇二年に処刑されたことになってますね」とのことだった。

書店で買えるという本のタイトルと出版社などをメモしてから、開いてくれた『ハンザの生活実体と神話』に没頭した。

ハンブルクのホラーハウス

気が付くと一時をとっくに過ぎていた。昼休みであろうに、文書室の女性はじっと座っていた。何度も礼を述べて立ち去ろうとすると、

「グラースブロックへ行かれるのですか？　そしたら近くに『ダンジョン』がオープンしたのでちょっと覗いてみますか」と言う。何のことかと思ったら、ハンブルクの歴史を題材に〝怖い話〟ばかりを集めたお化け屋敷のようなものが出来たらしい。「私はまだ行ったことがありませんが、シュテルテベッカーのコーナーがあるそうですよ」と、丁寧に行き方まで教えてくれた。ついでにシュテルテベッカーの銅像の場所も地図に書いてくれた。

歴史博物館内のカフェーで一休みし、まず今しがた読んでメモった内容を忘れないうちに簡単に整理する。ノルデンのスティープニィ氏から聞いた話とほとんど同じだったが、肉付けされた部分や新しい情報もたくさん入っていた。シュテルテベッカーの頭蓋骨は見られなかったが、文書室で思いがけず多くの情報を得ることができたので、充実した気持ちになっていた。

「ハンブルク・ダンジョンHamburg Dungeon」は地下鉄のバウムヴァル駅が近い。銅像のあるグラースブロックはその先なので、まず「ダンジョン」へ寄ってみよう。

きっと子供だましのお化け屋敷なのだろう、と思っていた。好奇心から行ってみると、入り口に「十二歳以下の子供は大人の同伴が必要です」と書かれている。これはどういうことか、怖いからなのだろうか、と訝しがりながら入っていく。

ある程度入館者が集まると、案内人が出てきて最初の部屋に通された。一八四二年のハンブルク大火災の模様を再現した部屋で、燃える町と逃げまどう市民の様子を照明と音響で効果的に表している。

CLAAS STORTEBEKER
GODEKE MICHELS
1401

右頁
グラースブロックに立てられたシュテルテベッカーの銅像
左頁
(上)ハンブルクの地下レストラン「ラーツケラー」
(右)中央に吊された「ブンテ・クー」
(左上)鰻のスープ「アールズッペ」
(左中)野菜のおかゆ「ラプスカウス」
(左下)イチゴのデザート「ローテ・グリュッツェ」

煙まで部屋に充満してきて、案内人が大声で「早くこっちへ逃げて！」と誘導する、という仕組みである。ペスト大流行の部屋では、黒死病患者に扮したスタッフが、ペストとはどういう病気で、どのように感染したかなどを詳しく説明してくれる。そのほか三十年戦争や第一次、第二次世界大戦の部屋もあり、スタッフのいない場所では犠牲者の数や混乱状況などがスピーカーから聞こえてくる。全てハンブルクの歴史に関わることなのだが、どういう順序で造ったのか、時代順というわけでもなく、最後に出てきたのがシュテルテベッカーだった。スクリーンには海や帆船の映像が映し出され、ナレーションでシュテルテベッカーが処刑されるまでのいきさつを説明する。部屋には斬られた首をぶら下げた人形があり、ちょっと不気味。

全部終わるまで四十分程かかった。ディズニーランドほどよくできてはいないが、決して子供だましというわけではなく、大人も十分楽しめる施設である。古い倉庫の中を改装しただけなので、外側からは全く判らない。一種のホラーハウスなのだが、ドイツ人は何故こう、娯楽までも真面目にやってしまうのだろう。徹底したナンセンスというものがない。それがいかにもドイツ的なのだけれど。

シュテルテベッカーの銅像

既に倉庫街にいるので、シュテルテベッカーの銅像は近くにあるはずだ。幾つも橋を渡って地図に印された場所を探すが、今自分がどこにいるのか判らず、なかなか見つからない。人に尋ねようにも人がいないのでどうしようもなかった。ずいぶん探しまくってやっと見つけた銅像は、車の通りが激しい道ばたに、ぽつんと佇む小さな像だった。こんな目立たないところに立っているのか。マリーエンハーフェでは堂々マルクト広場にあるというのに。小さく見えたが、説明によると二メートル二十センチあるらしい。一九八二年にミュンヒェンのハンスイェルク・ヴァーグナーという彫刻家によっ

1870年パリで出された、シュテルテベッカー処刑の様子を描いた木版画

て造られている。上半身裸で手を縛られているので、処刑される寸前のシュテルテベッカーなのだろう。権力に屈せぬ魂を表現したのか、キッとした表情で横を向いている。その顔は問題の宮廷道化師クンツ・フォン・デア・ローゼンではなく、若い精悍な顔だった。毅然と佇むシュテルテベッカーは海の方を向いている。大海の荒波をコッゲ船で自由に走っていた自分を見つめているのだろうか。

市庁舎地下レストラン

夕食に市庁舎の地下レストラン・ラーツケラーへ行った。ハンブルクのラーツケラーは、さすがに高級感が漂っている。天井から吊り下がるたくさんの船の模型は、リューベックのレストラン「シファーゲゼルシャフト」を思い出す。ハンブルク名物のアールズッペ（鰻のスープ）が食べられるレストランがなかなかなくて、ラーツケラーなら作っているとのことだった。アールズッペはドライフルーツを使うため時間と手間が掛かり、最近のレストランはあまり作りたがらない。

いっそのことハンブルク名物でまとめてみよう、とアールズッペ、ラプスカウス、そしてデザートにローテ・グリュッツェを頼む。実は何度もハンブルクに来ているのにアールズッペを食べるのは初めてなのだ。最近、意外とおいしいという話を聞き、思い切って食べてみようと思った。出てきたのは鰻のぶつ切りが二切れほど入った油っぽいクリームスープで、生臭さを消すためかプラムや杏などが入っていて甘酸っぱい味がする。確かになかなかの味だったが、鰻はやっぱり蒲焼きに限る。

ラプスカウスは北ドイツの料理で、カブやジャガイモなど野菜をお粥のように柔らかく煮込んだもの。もともと船乗りの料理なのに、ここのメニューはラプスカウスの後にわざわざ〝船乗り風〟と付いていた。運んできたボーイさんに「どこが船乗り風なのですか」と聞いてみると、「目玉焼きが乗っているからです」とのこと。「何で目玉焼きが船乗り風なのですか」と聞くと、「船には必ず鶏を乗

ラーツケラーの中央に飾られたブンテ・クー

せていたんですよ。だから船乗りたちは毎日必ず卵を食べました」とのことだった。

ローテ・グリュッツェは、苺と木苺を甘く煮てバニラソースをかけたもの。ドイツの家庭でよく作られるが、何故かハンブルク名物になっている。生クリームを使ったモダンなものより、オーソドックスなバニラソースが一番よく合う。

ブンテ・クー

歴史博物館で読んだ『ハンザの生活実体と神話』に、「シュテルテベッカーは捕らえられて市庁舎の地下牢に入れられた。その地下室は〝シュテルテベッカーの穴〟と呼ばれている」とあった。またもやボーイさんに「〝シュテルテベッカーの穴〟は今もあるのですか」と聞くと、「この市庁舎は十九世紀末に建てられたので牢屋はありません。前の市庁舎のことでしょう」と笑って行ってしまった。それもそうだ、あるわけがないと頷いているとすぐ戻ってきて、「ブンテ・クーのことご存じですか?」と聞く。ヤー、ヤーと答えると、「あの船がズィモン・フォン・ウトレヒトのブンテ・クーですよ」と教えてくれた。それはラーツケラーの中央に下げられた三本マストの船で、他のものより一回り大きく、一番目立つ船だった。「船首にまだらの牛が付いているでしょ、ほら」と指さした。シュテルテベッカーを捕らえた船はまだらの牛を付けていたので「ブンテ・クー」と呼ばれていた。

「シュテルテベッカーが処刑されたとき首なしで仲間の前を歩いたというのは本当?」と聞くと、「本当ですよ!」と彼は誇らしげに答えた。「何人が助かったのですか?」と聞いてみると、他のボーイさんが話を聞きつけて、「十一人だったそうです」と言う。そうかと思うと誰かが、

倉庫街に建ち並ぶ華麗な煉瓦の建物群

「いや、五人だ。五人目の所まで来たら首切り人のローゼンフェルトが、晒し台用の丸太を足下に投げたんだ。それに躓いてもう歩けなくなったんだよ」と、仲間内で話し合っている。六百年経った今でもハンブルクでは若者たちの間でシュテルテベッカーが話題だ。

　シュテルテベッカーについては様々な伝説が生まれ、様々に語り継がれていった。当時はセンセーショナルに多くの噂が飛び交っていたに違いない。彼を捕らえたシモンは英雄となり、後に市長にまでなって死後は立派な墓石が立てられている。しかし、いくらブンテ・クーが誇らしげにラーツケラーの真ん中に飾られていようとも、今やシュテルテベッカーが全ハンブルク市民の英雄である。

DNA鑑定で証明を？

長い旅を終えて帰国し、メンケベルク通りの書店で買ったヴィタリアーナ海賊の本を読んでいたときハンブルクの知人から手紙が届いた。「貴女が興味を持っているシュテルテベッカーのことが新聞に載っていたから……」と、「ハンブルガー・アーベントブラット」の切り抜きが同封されていた。

ノルデンのスティープニィさん宅で見たシュテルテベッカーの肖像画と、歴史博物館のものと思われる頭蓋骨の写真が大きく載っている。見出しには「『これはシュテルテベッカーの頭蓋骨である』と医師が言っている」と書かれ、ある医師が、ハンブルク歴史博物館の頭蓋骨がシュテルテベッカーのものであることを証明しようとしている、とあった。それによると、ペーター・ピーパーというデュッセルドルフの医師がノルデンに先祖を持つSchtörtebeker あるいは Schtörtebecer の姓をもつ人を探している。該当する人は是非名乗り出てＤＮＡ鑑定に協力して欲しい、と呼びかけている。

ハンブルガー・アーベントブラット紙は、日本のスポーツ新聞のようにいつもセンセーショナルな見出しで話題を呼んでいる。写真と見出しで、あの頭蓋骨が本当にシュテルテベッカーのものと判明されたかのように思わせている。それにしてもノルデン出身の〝シュテルテベッカーさん〟を探しているということは、オストフリースラントの支配者の娘と恋に落ち、子供が産まれたという噂は本当だったのか。この医師が本気なのか冗談なのか判らない。それでもハンブルクでは遺伝子探しの結果が話題になっているという。

最後に、今回の取材で得た知識と持ち帰った資料により、シュテルテベッカーの伝説を簡単にまとめてみたい。

シュテルテベッカーの伝説

クラウス・シュテルテベッカーは、海賊になる前は身分のある人物だったと推定されている。出生地はヴィスマールかリューゲン島と言われているが、ヴェーザー川のフェルデン近郊という説があり、これがかなり有力と思われる。

彼は若い頃はお金に不自由せず、気ままな暮らしを続けていた。ハンブルクに出てきた時、そこで知り合った荒っぽい仲間たちと博打に夢中になって全財産を失ってしまう。ちょうどその頃、ハンザ同盟がデンマーク戦のために船乗りを募っていたため、行き場のない彼は船に乗り、ヴィタリアーナとなってデンマークと戦った。

当時、バルト海にはゴーデケ・ミヒャエルという海賊がいた。かれは勇敢で力強く、しかしながら気だての良い親分だった。デンマーク戦争の後、海賊になりたいと願い出たシュテルテベッカーをゴーデケ・ミヒャエルは快く迎える。まず、海賊になれるかどうかを試すため、彼の体に鉄の鎖をぐるぐる巻き付けて逃げられないようにした。しかしシュテルテベッカーは腕力であっという間に鎖を破る。これを見たミヒャエルは大いに喜んで、彼に船と海賊の手下を分け与えた。この新しい海賊の親分は驚くほど酒が強く、一気に杯を空けてしまうため、人々はいつの間にか彼をベッヒャーシュトゥルツァー、もしくは北ドイツの方言でシュテルテベッカーと呼ぶようになった。

ミヒャエルとシュテルテベッカーはバルト海でハンザ船を襲い、物を奪っては貧しい人々に分け与えていた。十四世紀末、ハンザ同盟の委託を受けたドイツ騎士団がヴィタリアーナ海賊の追

い出しにかかったため、彼らはバルト海を離れてノルドゼーにやってきた。
ノルドゼーに面したオストフリースラント地方はハンザの恩恵を受けていなかったため、シュテルテベッカーたちに好意的だった。この地方の支配者ケンノ・ゼン・ブローケの美しい娘がシュテルテベッカーを愛してしまい、二人は結婚したとも伝えられている。シュテルテベッカーはマリーエンハーフェに拠点を造り、教会の塔に盗んだものを蓄えていた。彼は身代金目当てで人を捕まえては釈放し、お金を稼いでいたが、貧しい人を見るとすぐに食べ物を分け与えた。特に生まれ故郷とされるフェルデンでは多くの貧しい人々を救った。そのためフェルデンでは今日では年に一度の祭りの日に、白パンとニシンが市長によって町の人々に振る舞われている。

一方、ノルドゼーで暴れ回る海賊たちに手を焼いていたハンザ商人たちは、一四〇〇年、オストフリースラントへ遠征して彼らを取り締まった。この先頭に立ったのがハンブルク船であり、そこにはハンザ商人でもあるハンブルクの市参事会員たちが乗っていた。彼らはまずエムデンの町と城塞を攻め落としてハンザの支配下に置く。ケンノ・ゼン・ブローケはハンザ同盟から散々シュテルテベッカーと手を切るよう忠告を受けていた。彼は一旦はそれを受け入れたものの、再びシュテルテベッカーと関わっていたため、ケンノの城がハンザに押さえられた。
海賊たちは衰える気配を見せず、相変わらずハンザ船を襲った。そこでハンザ同盟は軍隊を出動させ、八十人のヴィタリアーナ海賊を捕らえた。ハンブルクに連行されたのは三十人。彼らの首はエルベ川の中洲ではねられる。そのうち海賊のキャプテンだった八人の首が太い釘に突き刺され、見せしめのため晒し台に立てられた。これを知った海賊たちは怒り、前にも増して暴れ始める。そこでもう一度ハンブルクの市参事会員がヴェーザー川流域を攻めにかかった。そのとき捕まった海賊は七十三人、その全員が首をはねられ、またしてもエルベ中洲のグラースブロック

に晒された。

しかしながら、シュテルテベッカーとゴーデケ・ミヒャエルが生きている限りこの戦いが収まらないことをハンザ同盟は痛感する。一四〇一年の春、とうとうハンブルク市議会は武装した新型の船を何艘か用意し、シュテルテベッカーとの対決に本格的に乗り出した。この中心となった軍艦の名が「ディ・ブンテ・クー（まだらの牛）」。そしてその船を指揮していたのがハンブルクの商人ズィモン・フォン・ウトレヒトである。まだら牛の船首を付けたブンテ・クーは荒波を越え、ノルドゼーをけたたましく汽笛をならしながら突進した。

その頃シュテルテベッカーたちは、ヘルゴラント島で獲物がやって来るのを待っていた。この近海はハンブルク商船がイギリスのハンザ商館へ赴く際に必ず通る航路になっていたからである。ここを往来するハンブルク船を狙えば収穫は大きかった。ズィモン・フォン・ウトレヒトはそのことを知っていたため、シュテルテベッカーと対決するためヘルゴラントに船を進めた。

ズィモンはブランケネーゼの漁師を連れてきた。暗くなる頃を見計らい、漁師は小さな漁船でそっとシュテルテベッカーの船に近づく。そして溶けた鉛を舵の管に流し込んだ。これが固まれば船は動きがとれなくなるからだ。翌朝、鉛が固まって動かなくなった船を相手に、ハンブルク軍は攻撃を開始した。不利な戦局の中をシュテルテベッカーたちは勇猛果敢に戦い、この戦闘は三日三晩続く。最終的にシュテルテベッカー側に勝ち目がないことを悟った海賊たちの中には、ハンザ側に寝返る者が現れ始めた。抵抗を止めれば後の刑を軽くするというズィモンの言葉に乗った者もいた。最後までシュテルテベッカーと戦った手下たちも、多くが傷ついて命を落とし、あるいは海に投げ出されて行方がわからなくなった。こうしてシュテルテベッカーは捕まった。

ブンテ・クーはズィモンの指揮の下、奇跡的な手柄を立てた。捕らえた海賊たちを乗せて汽笛

を鳴らし、猛り狂うノルドゼーをハンブルクに帰っていく。シュテルテベッカーと一番弟子のヴィヒマン、そして七十人の仲間たちはハンブルク市参事会の手中に落ちた。

シュテルテベッカーはハンブルク市庁舎の地下室に監禁された。そのためこの地下室は「シュテルテベッカー・ロッホ（穴）」と呼ばれた。裁判で全員死刑の判決が下され、七十二人の海賊たちは一四〇一年十月二十一日（文献によっては処刑の年が一四〇〇年とも一四〇二年ともなっている）、グラースブロックに向かう。シュテルテベッカーの最後を見届けようと大勢の見物客が処刑場を取り囲んでいた。処刑場では祭りごとのように笛や太鼓が鳴り響く。シュテルテベッカーが現れると、何故かハンブルクの若い婦人たちはみな嘆き悲しんだという。

死刑執行人の名はローゼンフェルト。彼はこれまでに何十人ものヴィタリアーナたちの首をはねてきた腕利きの首斬り人である。シュテルテベッカーは処刑される時、ローゼンフェルトに申し出る。

「首をはねられた後で仲間の前を歩いて見せよう。だから、俺が倒れた所まで仲間の命を助けてやってくれないか」

ローゼンフェルトはあざ笑って承諾した。この頼みに関しては、ローゼンフェルトが最初から聞き入れなかったとも、約束したのに果たされなかったとも言われている。実際に救われた仲間がいたとも伝えられて、その人数もまちまちである。いずれにせよローゼンフェルトは何十人もの海賊の首を次々にはね、それらを釘にさして晒し台に乗せていった。

処刑の後、ハンブルク市参事会員たちはシュテルテベッカーの船に宝が隠されているのではないかと念入りに調べたが、何も出てこない。最後に船大工がマストを斧で割ると、そこに溶かし

た金の塊を発見する。この金塊は一部戦争の費用としてハンザ同盟に支払われ、残りの金塊で聖ニコライ教会の塔にかぶせる冠を造った。一五〇〇年にこの冠は聖カタリーナ教会塔へ移されたと伝えられているが、今日聖カタリーナ教会の塔にある冠は一六五六年に町の長老から寄付されたものである。

ところでゴーデケ・ミヒャエルはどうなったのであろうか。彼はヘルゴラントの海戦では捕まらず、シュテルテベッカーの処刑後もノルドゼーで生き残りのヴィタリアーナたちとハンザ船を襲っていた。ハンブルク市参事会は、またしてもズィモン・フォン・ウトレヒトと彼の「ブンテ・クー」を頼りに最後の仕上げに取りかかる。そしてズィモンは海賊たち八十人を引っ捕らえた。その中にはゴーデケ・ミヒャエルの姿があった。先に処刑されて晒し台の首となった仲間たちが見守る中、ゴーデケ・ミヒャエルを含む八十人の海賊が、またしてもローゼンフェルトの手によって次々に首を断り落とされていった。

さて、シュテルテベッカーの伝説の最後はこんなエピソードで締めくくられている。ゴーデケ・ミヒャエルたちの処刑が完了したとき、立ち会った一人の誉れ高き市参事会員が死刑執行人に労いの声をかけた。

「ローゼンフェルトや、こんなにたくさんの首を一度に斬り落として、さぞや疲れたであろう」

「なぁに旦那、あっしゃぁ全く疲れてませんで。今やった海賊と同じ人数、市参事会員の首をはねられまっさぁ」

ローゼンフェルトは翌日解雇された。

あとがき

ドイツをよく知る人たちの間でしばしば話題になることの一つが、何故われわれ日本人は南ドイツばかりに行きたがるのか、ということである。この結果はいつも回答の出ないまま、北ドイツには美しい町がたくさんあるのにね、で終わってしまう。東欧の壁がなくなって十年以上が過ぎ去った今日、やっと環境の整った旧東ドイツ地域への旅行が増えてきた。しかし北ドイツの町を歩く人は少ない。まして海を旅する人は本当にまれであろう。

こう言うと、「えっ、ドイツに海があるのですか?」と聞く人が意外と多いのに驚いてしまう。きっと皆、ドイツは地中海に面していたっけ? とヨーロッパ地図の南を思い出しているのであって、ドイツの北がどうなっていたかなど考えてもみないのだろう。

ドイツには海がある。それも二つの海が。一つはバルト海、もう一つはノルドゼー。この二つの海を旅してみたくて、そして北ドイツの町の美しさを紹介したくてハンザをテーマに選んだ。ハンザ縁《ゆかり》の町を旅するうち、ハンザに戦いを挑んだ海賊がいたことを知る。その名はシュテルテベッカー。正体不明のこの海賊は、行く先々で次第に明らかになっていった。それは本当に偶然で、旅の後半は思わぬ方向に発展していく。ノルドゼーではドイツの海をのんびり楽しむつもりだったが、ノルデン以降はほとんどどシュテルテベッカーを追いかけるようになってしまった。これは予定外のことだったので、限られた日程では満足のいく取材ができず、消化不良のまま多くの課題を残して旅を終えねばならなかった。

シュテルテベッカーに関しては、なにしろ六百年以上も前の人物なので、今後どんなに調べてもさほど多くの新事実は出てこないであろう。しかし、再び北ドイツへ行く機会があれば、フェルデンやエムデンを訪れて彼の足跡を辿ってみたいと思っている。なお、シュテルテベッカーのＤＮＡ鑑定について、新聞を送ってくれた知人に結果を聞いたところ、まだ公式の見解は出されていないとのことだった。

イラストは「ドイツ・古城街道旅物語」の一志敦子さんに担当していただいた。一級建築士の彼女は建物を描かせたら天下一品。煉瓦の家並みが美しい北ドイツは、まさしく彼女の才能が発揮できる地域だ。古城街道のイラストから変化を感じる今回の画に、一志ファンは新しい発見を見いだすに違いない。

最後に北ドイツの取材に協力して下さったハンブルク観光局日本代表部の池田優子さん、ならびにドイツ・沿岸地方観光局 Deutsches Küstenland 代表のマルティン・フェネマン Martin Fennemann 氏に心から感謝を捧げたい。

沖島　博美

沖島博美　Okishima Hiromi

トラベル・ジャーナリスト

横浜生まれ。獨協大学ドイツ語学科卒。ドイツ民俗学専攻。ドイツの伝説、歴史、民俗をテーマに取材し、雑誌他で紹介。ドイツ・グリム協会、日本旅行作家協会会員。著書に『ドイツ・古城街道旅物語』（東京書籍）『ドイツ旅ノート』（白馬出版）『ブルーガイドワールド・ドイツ』『ドイツ・ロマンティック街道物語』『わがまま歩き／オーストリア・ブダペスト・プラハ』（以上、実業之日本社）『ドイツ〜チェコ古城街道』（新潮社）『ハンガリー』（日経BP社）他がある。

一志敦子　Isshi Atsuko

松本生まれ。武蔵工業大学建築科卒。一級建築士。住宅メーカー設計部勤務の後、フリーとなる。共著に『ドイツ・おもちゃの国の物語』『ドイツ＝古城街道旅物語』（以上、東京書籍）『地球の歩き方　ドイツ』『地球の歩き方　ロマンティック街道とミュンヘン』（以上、ダイヤモンド社）他がある。

ブックデザイン　湯浅レイ子
　　　　　　　　ar inc.

北ドイツ＝海の街の物語

2001年　9月4日　第1刷発行

文・写真　沖島博美
絵　一志敦子
発行者　河内義勝
発行所　東京書籍株式会社
東京都北区堀船2-17-1　〒114-8524
電話　営業　03(5390)7531　編集　03(5390)7506
印刷・製本　東京書籍印刷株式会社

Copyright ⓒ by 2001 Okishima Hiromi , Isshi Atsuko
All rights reserved.
Printed in Japan
乱丁・落丁の場合はお取替えいたします。

ISBN4-487-79531-1 C0095

出版情報　http://www.tokyo-shoseki.co.jp

402)
ricius' Liederbuch (um 1603). Nr.
chel, de ro - de - den beide tho
er vnd of tho lan - de, so
rdroth, do mo-sten se ll - den grote schan